시내버스 챌린지

일러두기
- 이 책에 등장하는 단체명 등은 가명입니다.
- 원어는 일부 언어를 제외하고 로마자와 함께 병기했습니다.
- 단행본은 『』, 기사, 단편, 영상은 「」, 전시·행사, 작품, 영화는 〈〉, 신문·잡지는 《》로 표기했습니다.

시내버스 챌린지

초판발행	2025년 6월 17일
지은이	임슬아
발행인	노성일
편집	서하나
디자인	노성일
인쇄제책	독일인쇄

소장각
서울시 마포구 동교로19길 101, 4층
fax. 0303-3444-0416
contact@sojanggak.kr
sojanggak.kr
instagram.com/sojanggak
등록번호. 2020년 3월 2일 제2020-000052호

ⓒ임슬아. 2025.
이 책의 저작권은 지은이에게 있습니다.
이 책은 대한민국의 저작권법에 따라 보호를 받는 저작물이므로
저자와 출판사의 허락 없이 무단으로 전재하거나 복제할 수 없습니다.
정가는 뒷표지에 적혀 있습니다.

ISBN 979-11-94108-10-8 (03300)

시내버스 챌린지

시내버스 전국일주, 그 안에서 마주한 세상　　임슬아

숏

차례

BUS

14 프롤로그-시내버스에 승차하며

1부 여행기 아닌 여행기를 위한 여행기

22 나는 왜 시내버스 여행에 눈을 뜨게 되었는가?
29 시내버스 여행과 세계시민교육
34 시내버스 여행이 아니라 시내버스 전국일주?!
39 준비부터 남다른 시내버스 전국일주, 아니 챌린지
44 시내버스 여행의 첫 관문은 바로 시간표
52 여행을 준비하며 만난 뜻밖의 난제, 어쩌면 더 큰 관문
57 안전이냐, 돈이냐
61 시내버스 여행의 묘미는 '우연히'에 있다

2부 버스에서 만난 사람들

- 66 삼척에서 만난 버스 기사님: 시내버스는 동네 사랑방
- 71 후포에서 만난 할머니: 누군가의 한마디가 누군가의 삶을 나아가게 한다
- 76 통영에서 만난 할머니: 순간의 풍경에 집중할 것
- 81 진주의 경계에서 만난 할머니
  : 70대와 80대를 구별하는 방법
- 86 함양에서 만난 승하차도우미
  : 주민의 소식통
- 90 익산에서 마주친 사람들
  : 시내버스는 통합사회의 미래를 보여 준다
- 97 충주에서 만난 할머니:
  손녀가 매주 충주로 달려가는 이유

3부 5분의 4의 사람들이 사는 곳

- 102 전북과 경남의 경계를 허무는 지리산
- 107 탄소 배출이 가장 많은 도시에 사는 이의 이상한 반성과 실천
- 110 지역 청소년은 이제 뭐 하고 놀까?
- 115 잠시 머무는 자의 자세
- 121 다양한 언어가 공존하는 한국
- 130 영월에는 작은 아프리카 대륙이 있다
- 135 폐교를 막는 것만이 살 길은 아닐지도 모른다
- 139 말은 제주로, 사람은 서울로?
- 144 벚꽃이 지는 순서대로 대학이 사라진다면
- 151 영어 천국 대한민국
- 154 언제까지 이 여행을 즐길 수 있을까
- 159 모두가 즐길 수 있는 여행이 되도록

- 164 에필로그-시내버스에서 하차하며
- 168 시내버스 여행을 위한 참고 자료

잠시 후 도착 예정 버스

| 482 | 75분 | 42번째 전 |
| 600 | 10분 | 8번째 전 |

선안내 Bus Route Information

프롤로그 – 시내버스에 승차하며

"서울에서 삼척까지 하루 만에 시내버스로만 가는 루트 부활"

2023년 3월의 어느 주말 저녁, 그저 하릴 없이 방구석에 누워 있던 나는 시내버스 덕후, 이른바 버덕* 커뮤니티에 올라온 이 소식을 보자마자 자리에서 벌떡 일어나 짐을 쌌다.

저 말이 도대체 무슨 의미가 있기에 방구석을 지키던 나를 일으켜 세웠는가? 여기에는 나름의 사정이 있다. 버덕이 아니라면 생소하겠지만, 서울에서 삼척까지 시내버스로 갈 수 있

---

* 이 책에는 덕후의 느낌이 물씬 풍기는 표현이 몇 가지 등장한다. 우선 버덕은 버스 덕후의 줄임말이며 선조님은 24시간 안에 ○○도시에서 ○○도시까지 시내버스로 이동할 수 있는지 여행 경로를 가장 먼저 개척한 사람을 말한다. 조발이라는 표현도 등장하는데 이 말은 시내버스가 시간표보다 몇 분 일찍 출발하는 것을 칭한다.

는 버덕들만의 노선이 있었다는 사실을 혹시 아는지. 그러한 노선이 2016년까지는 존재했다. 서울에서 출발해 성남, 광주, 양평, 홍천, 인제, 고성, 양양, 강릉, 동해를 거쳐 삼척까지 오로지 시내버스만 타고 갈 수 있었다. 그런데 2017년 동해와 삼척을 잇는 삼척 91번 버스가 폐선되면서 서울에서 삼척까지 시내버스만으로 하루 만에 이동하는 것은 사실상 불가능해졌다. 그런 와중에 서울에서 삼척까지 시내버스로만 갈 방법이 몇 년 만에 부활했다니. 이는 나를 포함해 시내버스 여행 덕후들의 심장을 다시 뛰게 했다. 비록 기존 루트와는 조금 달라졌지만, 서울에서 시내버스를 타고 출발해 평택, 안성, 여주, 양평, 원주, 영월, 태백을 거쳐 삼척으로 하루 만에 갈 수 있게 되었다는 점에서는 큰 의미가 있었다. 더군다나 당시 나는 서울에서 삼척, 삼척에서 부산, 부산에서 광주, 광주에서 서울까지 시내버스로만 전국을 한 바퀴 도는 '전국일주' 여행을 꿈꾸고 있었다. 그러니 드디어 나의 꿈이 실현될 루트가 눈앞에 나타났다는 것만으로도 그 의미가 컸다. 그렇게 나의 시내버스 전국일주는 어느 날 갑자기 시작되었다.

    나는 꽤 오래 전부터 시내버스 여행에 관심이 있었다. 그러다 본격적으로 파고든 것은 지난 2022년 초였다. 코로나19로 이동이 자유롭지 못하던 2021년, 해외여행을 가지 못해 답답해하던 여행 유튜버들이 국내로 눈을 돌려 서울에서 부산, 서울에서 목포까지 등 목적지로 삼은 곳까지 시내버스를 타고 하루 만에 이동하는 '시내버스 챌린지'에 도전하기 시작했다. 그러면서 시내버스 여행 영상이 동영상 공유 플랫폼 유튜브(YouTube)에 우후죽순 올라왔다. '챌린지'라는 단어를 쓰는 이유는 오로지 시내버스만 이용해 24시간 안에 목표한 도시로 도착해야 하기 때문이다.

당시 나는 2019년부터 대학교 교환학생 자격으로 중국에 간 상태였고, 코로나19가 창궐하던 2021년부터는 현지에서 한국어 강사를 하며 지내고 있었다. 그런데 2022년 초 중국 주요 도시가 코로나19 확산으로 석 달 동안 도시를 봉쇄하면서 하루 종일 집에만 머물러야 했다. 중국은 유튜브 등 사이트에 자유롭게 접속할 수 없는 나라였지만, 집에만 있다 보니 달리 할 일도 없어 사설 통신망(VPN, Virtual Private Network)을 이용한 우회 접속으로 유튜브를 보게 되었다. 그렇게 나는 점점 유튜브 지박령이 되어 갔다. 처음에는 한국에서 시내버스 여행이 유행하는지도 몰랐는데 어느새 지나간 유행에 뒷북을 치듯 매일매일 시내버스 챌린지 영상을 찾아보았다.

지금 생각해 보면 외출이 자유롭지 못하니 영상으로나마 바깥세상을 구경하고 싶었던 것 같다. 그 당시 가장 많이 본 영상은 유튜브 계정 '두더지개미'*의 시내버스 여행 시리즈였다. 영상을 보고 있으면 두더지개미와 함께 바깥세상을 구경하며 여행하는 듯했고, 가끔 나에게 익숙한 도시가 나오면 한국에 있는 가족과 친구들이 보고 싶어 엉엉 울었다. 그렇게 나에게 웃음과 눈물을 주던 두더지개미의 영상들을 시작으로, 다양한 유튜버의 시내버스 여행 영상을 시청하게 되었다. 그리고 한국에 돌아가면 꼭 시내버스 챌린지를 하겠노라 다짐했다.

시내버스 여행. 여섯 글자만으로는 감이 오지 않는 이 여행은 출발지부터 목적지까지 시내버스로만 이동하는 여행을 뜻한다. 알지 모르겠지만, 대한민국 대부분의 시내버스는 도시 간 경계를 자유로이 넘나든다. 그렇기 때문에 경계와 경계를 잇는 버스 노선들을 연결하면 서울에서 부산, 광주, 목포 등 어디든 시내버스로 갈 수 있다. 당연히 출발지점이 반드시 서울일 필요는 없다. 현재 내 주거지가 서울이라서 서울을 출발지로 설정했을 뿐이다.

'여행'이라는 단어를 들으면 사람들은 여행할 '목적지'를 정하고, 그 목적지에서 무언가를 보거나 먹고 즐기는 시간을 떠올릴 것이다. 그런데 시내버스 여행은 목적지가 여행의 포인

* 두더지개미 유튜브 계정

트가 아니다. 목적지를 향해 달려가는 그 여정 자체가 여행이다. 시내버스 여행 덕후들 사이에서 통용되는 '시내버스 여행'의 의미는 서울에서 부산까지, 광주에서 서울까지 등 자신이 정한 목적지까지 하루 만에 시내버스로만 완주할 수 있는 행위를 뜻한다.

그렇다고 반드시 하루 만에 '미션'을 '해치워야' 할 필요는 없다. 시간에 구애받지 않고 한반도 지형선을 따라 전국일주를 하는 사람도 있고, 시내버스만으로 국내 곳곳의 명소를 방문하는 사람도 있다. 또 경기도 지형을 따라 시내버스로만 한 바퀴 도는 사람, 정류장에 오는 버스를 무작위로 탑승하며 랜덤으로 버스여행을 하는 사람, 오직 마을버스만 타고 서울 혹은 부산 시내를 이동하는 사람도 있으며 심지어 하루에 한 대 다니는 버스를 타기 위해 무작정 여행을 가는 사람도 있다. 게다가 시내버스 여행에서 한 발 더 깊게 파고들어 아예 버스 차종에 꽂혀서 신형 전기버스에 호기심을 가지는 사람이나 버스의 차종, 하차벨 소리, 음성 안내 문구, 도색 디자인 등에 애정을 쏟는 사람도 있다. 이처럼 시내버스 여행을 사랑하는 사람들의 덕질 형태는 아주 다채롭다. 서로의 애정 포인트를 존중하고 또 공존하는 시내버스 덕후들의 다양성이 나를 끊임없이 버스의 세계로 이끌었다.

시내버스는 우리 일상에 녹아들어 있는 존재다. 그러다 보니 비일상의 범주에 놓인 '여행'에는 시내버스가 잘 등장하지 않는다. 특히 이동 수단은 여행의 주된 고려 포인트가 아닐 때가 많다. 이 시내버스 여행의 핵심은 경계와 경계를 넘는 '이동'에 있으며, 여행지라는 중심부에서 주변부로 시선이 옮겨가는 것이야말로 이 여행의 묘미다.

이 책에 담은 '시내버스 여행'은 지난 2023년 3월과 5월, 두 차례에 걸쳐 진행한 시내버스 전국일주와 종종 당일치기로 다녀온 중단거리 시내버스 여행에서 보고 들은 순간을 중점적으로 다룬다. 이 여행들은 다음 두 가지 조건에서 진행되었다.

> 하나, 하루 만에 내가 목표로 한 도시까지 반드시 시내버스만 이용해 도달할 것
> 둘, 반드시 3박 4일 이내에 첫날의 출발지로 돌아올 것

두 번의 시내버스 전국일주는 모두 서울에서 출발했으며 3월에는 한반도 지형의 시계 방향으로, 5월에는 반시계 방향으로 돌며 오직 시내버스만을 이용해 전국일주를 했다.

여기서 주의할 점!
시내버스는 지자체와 버스운수업체의 운영 상황에 따라 노선

번호와 시간표가 언제든 바뀔 수 있다. 이 책은 2023년을 기준으로 정보를 기재했으며 먼 훗날 언젠가 이 책을 보게 된다면 노선도와 시간표가 실제와 다를 수 있다는 점을 당부하고 싶다. 그러니 시내버스 여행 그 자체보다는 '지역'과 '지역'의 경계가 이어진다는 점에 방점을 두고 이 책을 읽었으면 좋겠다. 또한 보통의 여행기처럼 맛집이나 명소를 공유하지 않는다. 공유하고 싶어도 시내버스 환승시간, 출발 시간표에 맞추려면 그런 맛집이나 명소에 갈 수 없었다는 슬픈 사연이 이 여행에 존재한다.

1부

얘기 아닌 얘기로 위한 얘기

나는 왜 시내버스 여행에
눈을 뜨게 되었는가?

종종 어쩌다 시내버스를 포함한 교통수단 덕질을 하게 되었냐는 질문을 받는다. 여기에는 크게 두 가지로 대답할 수 있다. 하나는 우리 집이 안산과 마산을 옆 동네 다니듯 드나들었기 때문이고, 또 다른 하나는 순천향대학교에서 학창시절을 보낸 4년의 시간 덕분이다.

🚌

나는 경상남도 마산에서 태어났다. 그런데 태어나자마자 1년도 되지 않아 아버지의 회사 발령으로 경기도 안산으로 이주해 약 20년 간 그곳에서 살았다. 그때부터 지금까지 우리 가족은 한 달에 한 번꼴로 안산에서 친가와 외가가 있는 마산을 오갔다. 약 400킬로미터나 떨어져 있는데도 말이다.

나와 동생이 어렸고 KTX가 없었을 때는 아버지 차로 마산에 갔고, 우리가 어느 정도 사람 구실을 하고 KTX가 생긴 뒤로는 기차를 타고 안산과 마산을 오갔다.* 휴가는? 시가에서! 명절은? 당연히 시가에서! 연휴가 기네? 그러면 당연히 시가에 가는 것! 그 외에는 다른 선택지를 생각해본 적이 없다는 것이 엄마의 의견이다. 물론 시가에 가도 할머니 댁 옆 동에 사는 맛집 전문가 고모네 식구들과 같이 마산 인근의 맛집도 가고 근처 명소도 구경했다. 그리고 할머니 댁과 약 10분 떨어져 있는 외할머니 댁에도 가서 맛있는 음식을 먹었다. 스물아홉이 된 지금까지 아버지 차로 안산과 마산을 오갔으니 차멀미 따위 모르고 살았다. 또 이동시간의 지루함도 곧잘 견딘다. 안산과 마산을 너무 자주 오가다 보니 어느 도시가 나의 고향이고 나의 도시인지 고민하는 경계 속에 살았으며 안산과 마산 정도의 거리는 '장거리'라고 생각하지 않게 되었다.

20대 중반에는 땅덩이가 큰 중국에서 3년을 지내며, 서울과 대전 정도의 거리인 항저우와 상하이를 옆 동네 드나들 듯 이동하는 중국인들 덕분에 나의 '장거리' 기준은 더욱 넓어졌다.

---

* 안산은 기차역이 없어서 집에서 차로 15분 거리에 있는 광명역에서 마산으로 향한다. 자가용을 이용하면 평소에는 4시간 30분, 명절에는 10시간이 걸리지만 기차를 타면 3시간이면 충분하다.

중국은 비행기 노선만 있다면 하루 만에 3,000킬로미터 이동도 가능하고, 야간에 운행하는 침대 기차가 있어 마음만 먹으면 어디든 도시에서 도시로 이동할 수 있다. 그러다 보니 중국에서의 삶은 나에게 거리의 감각을 조금 더 넓혔다.

스무 살까지는 '시골'에 가본 적이 없어 '이동'의 어려움을 크게 느껴본 적은 없었다. 마산에는 KTX도 있고, 시외버스 노선망도 다양하며, 친가와 외가 근처 버스정류장에는 마산, 창원 곳곳을 누비는 버스 노선이 많았다. 심지어 안산과 창원은 적어도 내가 고등학생 때인 2010년대 초반부터 공공자전거 서비스를 시행한 도시인만큼 이동 접근성이 높은 도시였다. 이렇게 이동의 불편함 따위 모르고 살던 내가 시내버스에 관심을 가지게 된 계기는 대학교 진학을 위해 충청남도 아산으로 거주지를 옮기면서부터였다.

스물한 살까지 총 20년을 살았던 경기도 안산은 대도시이자 계획도시였다. 나중에 편입된 대부도와 시내에서 비교적 먼 반월동, 안산동을 제외하면 교통 체계와 도로가 시내를 중심으로 연결되었고, 시내버스 노선도 시내를 중심으로 짜여 있어 권역 간 이동이 비교적 원활했다.

그런데 충청남도 아산은 차가 없으면 이동이 수월하지 않은 도시였다. 당시에는 아산 지리를 전혀 몰라 아산에 사는 후배가 왜 같은 지역에 있는 학교까지 통학하지 않고 기숙사에 사는지 궁금했다. 후배가 사는 아산 영인면과 학교가 있는 신창면은 약 17킬로미터 떨어져 있었는데 두 곳 모두 버스가 잘 다니지 않는 동네여서 자가용이 없으면 이동이 쉽지 않았기 때문이라는 사실을 나중에서야 알았다.

    그러다 그 후배를 이해할 수 있는 상황에 내가 처하게 되었다. 대학 생활 내내 충청남도청소년진흥원에서 '충청남도 청소년 어울림마당 모니터단' 활동을 하게 된 것이다. 청소년어울림마당은 지역의 청소년이 접근이 편리한 곳에서 대중예술, 스포츠, 사회참여, 인문사회 등 다양한 청소년 문화를 지역 자원과 연계해 운영하는 청소년 문화 예술 놀이체험의 장이다.

    어느 날 모니터단 담당자가 단체 소통방에서 예산군 청소년어울림마당과 관련해 누가 모니터링을 갈지 물었다. 찾아보니 학교가 있는 아산 신창면과 예산군 예산읍은 농어촌버스로 30분 정도 걸리고 신창면과 예산읍을 오가는 농어촌버스의 배차 간격은 길지 않았다. 그래서 예산군이라는 것만 보고 내가 가겠다고 손을 들었다. 학교에서 예산 정도 거리는 가볍게 다녀올 수 있겠다 싶었던 것이다. 그런데 그 찰나의 판단이 나를 예상치 못한 머나먼 여정으로 이끌 줄이야. 그때는 전혀 상상도 하지 못했다.

    예산군 청소년어울림마당이 열릴 예산군청소년미래센터

는 예산군 '고덕면'에 있었다. 예산읍에서 고덕면까지는 직선 거리로만 무려 14킬로미터나 떨어져 있었다. 아산 신창면에서 예산군청소년미래센터까지 대중교통으로는 얼마나 걸리나 휴대폰으로 확인하니 1시간 30분이 걸린다고 나왔다. 하지만 이 1시간 30분의 기준은 다음 버스를 기다림 없이 환승할 경우의 이야기였고, 예산 읍내에서 고덕면으로 가는 버스는 하루에 몇 대 없었다. 그날 나는 아산 신창면에서 출발한 지 2시간 만에 예산군청소년미래센터에 도착할 수 있었다. 우여곡절 끝에 도착한 예산군 청소년어울림마당에서는 모니터링 설문지도 돌리고 참여한 청소년들에게 활동 소감을 묻는 인터뷰를 했다. 그때 공통된 피드백으로 이런 내용이 나왔다.

> "원래는 예산군청소년수련관(예산읍 소재)에서 청소년어울림마당을 여는데 너무 멀어서 평소에는 못 갔어요. 그러다 이번에는 집 근처인 고덕면에서 축제가 열려 드디어 참여할 수 있어서 정말 기분이 좋아요!"

예산읍에서 아산시 온양 시내까지는 오가는 시내버스가 자주 있어, 예산읍에 사는 사람은 온양을 생활권에 두고 왕래한다. 하지만 예산 고덕면에 사는 청소년들은 온양을 가까운 생활권으로 생각하지 않는다고 그날 인터뷰를 통해 알았다. 같은 경기도 용인이어도 수지구와 모현읍을 같은 생활권역으로 생각하는 용인 사람이 많지 않고, 평택과 가까운 아산의 둔포면과 온양이나 예산과 가까운 신창면을 같은 생활권으로 보기에 어려운 것처럼 말이다.

같은 시, 군, 구인데도 권역이 나뉜다는 말은 곧 생활권역이 다르다는 뜻이다. 같은 행정구역이라도 실제 이동시간이 길면 물리적 거리와 심리적 거리가 멀 수밖에 없다. 게다가 농어촌지역은 생활권역이 도시에 비해 더 넓은 범위로 분포한다고 이해할 필요가 있었다.

만일 이날 내가 아산 신창면과 예산 고덕면의 거리를 잘 알았더라면 시내버스를 타지 않았을 것이다. 하지만 나는 '마산'이라는 지방도시가 아닌 예산이라는 비교적 작은 지역의 '농어촌버스'를 어쩌다 타게 되면서 시내버스의 매력을 알게 되었다. 버스 요금 1,400원으로 먼 거리를 오갈 수 있다는 사실, 도시와 달리 붐비지 않는 버스, 창밖으로 보이는 낯선 풍경들, 종종 느리게 탑승하는 어르신들, 어르신들끼리 나누는 이야기. 이 모든 것이 나에게 매우 흥미로웠다. 시내버스에 이런 매력이 있다니!

그날 이후로 종종 아산의 온양 시내에서 천안역까지 한 번에 가는 천안 990번 버스에 탑승해 아산과 천안 시내 곳곳을

버스 안에서 구경하고, 천안에서 대전까지 시내버스로만 이동하는 등 시내버스를 타고 바깥 풍경을 구경하는 새로운 취미가 생겼다. 그러다 보니 처음 방문하는 지역을 가면 그 지역 터미널에 있는 시내버스, 군내버스 시간표를 구경하면서 이 버스는 어느 동네까지 갈지 궁금해하며 노선을 검색하는 등 여러 도시를 걸쳐 이동하는 버스 노선에 흥미가 생겼다. 고등학생 때 지하철만 타면 경기도 안산에서 강원도 춘천까지 갈 수 있다는 사실에 지하철과 같은 전철, 기차를 좋아하는 '철덕'(철도 덕후)이 되었는데 이젠 시내버스를 좋아하는 '버덕'(버스 덕후)까지 되었다.

시내버스 여행과 세계시민교육

이 꼭지의 제목이 왜 시내버스 여행과 세계시민교육인지 궁금해 하는 분도 있을 것이다. 전혀 연관성이 없어 보이는 이 둘이 나에게는 크게 연결되어 있다.

충청남도에는 열다섯 개의 시와 군이 존재한다. 이중 공주, 보령, 논산, 금산, 부여, 서천, 청양, 예산, 태안 등 아홉 개 시와 군이 현재 인구 소멸 위험 지역이다. 대학을 다니던 4년 동안 청소년어울림마당 모니터단으로 활동하면서 논산과 아산을 제외한 이들 도시의 청소년어울림마당 모니터링을 다녔다. 그러면서 '지방=마산'이라는 좁은 식견만 가지고 있던 나는 이 활동으로 더 넓은 세상과 마주했다. 늦게까지 공부하고 싶어 독서실에 가려고 해도 읍내에 독서실이 없어 공부할 수 없는 청양의 한 중학생, 미용 공부를 하고 싶은데 가까운 미용학

원이 시외버스로 1시간 반 걸려 학원에 다니는 것을 고민하던 청양의 또 다른 학생, 서울 소재 대학교로 진학하고 싶지만 대전에 있는 대학이 훨씬 가깝다는 이유로 부모님의 반대가 심해 서울로의 진학은 꿈도 못 꾸던 금산의 한 고등학생, 최신 입시 정보를 조금 더 빠르게 알고 싶어 서울로 가고 싶어 하던 공주 정안면의 한 고등학생, 그리고 다양한 문화생활을 즐기지 못하는 인프라에 아쉬움을 느껴 청소년어울림마당 행사만 오매불망 기다리던 예산과 계룡, 홍성의 청소년들과 마주하면서 지역에서의 문화 향유 접근성 향상과 교육 불평등 해소를 위해 내가 할 수 있는 일은 무엇일지 고민했다.

그러다 지난 2023년 다니던 회사를 퇴사하기 직전, NGO단체에서 일하는 지인이 한 단체에서 세계시민교육 강사를 선발 중이니 퇴사 후에 도전해 보라고 권유했다.

세계시민교육이 무엇인지 생소한 분도 있을 테니 여기에서 간략하게 소개하려고 한다.

세계시민교육(Global Citizenship Education)은 국제사회에서 통용하는 명칭으로 정확하게는 국제이해교육(Education for International Understanding)을 말한다. 국제사회에서 국제이해(International Understanding)는 세계가 하나의 전체임을 이해하고 다른 사회정치체계를 가진 국가들과 사람들 간에 우호관계를 지향한다. 이는 모든 인간의 기본권과 자유권이 존중된 상태에서 이루어져야 하며, 더불어 국제협력(co-operation) 및 평화(peace)라는 용어와 동일한 맥락으로 이해할 수 있다. 국제이해교육은 평화, 인권, 세계화, 문화 다양성, 지속가능발전이라는 다섯 가지 주제를 중심으로 한 통합 교육으로, 인종, 문화, 종교 간에 갈등을 극복하고, 더불어 사는 세상을 만들기 위한 보편적인 가치관과 삶의 태도, 지식과 기술을 지닌 글로벌시민을 양성하는 것을 목표로 한다.*

유네스코를 중심으로 한 국제적 논의에서 세계시민교육은 "학습자들이 더 포용적이고, 정의롭고, 평화로운 세상을 만드는 데 이바지할 수 있도록 필요한 지식, 기능, 가치, 태도를 길러주는 교육"으로 정의한다. 세계시민교육을 통해 달성하고자 하는 이와 같은 중점 목표는 국제이해교육, 지속가능발전교육, 평화교육, 인권교육 등 관련 분야에서 추구하는 교육 목표와도 맥을 같이한다. 따라서 세계시민교육은 이러한 분야에 이미 적용된 여러 개념과 방법론을 활용한 다면적 접근법을 택한다.

쉽게 이야기하면 지구촌에서 함께 살아가는 사람들이 인

---

* 세계시민교육 교수학습 길라잡이 유네스코 아시아태평양 국제이해교육원 편 『Global Citizenship Education: Topics and Learning Objectives』 한국판 해제본

종, 성별, 국적을 뛰어넘어 보다 평화롭고 정의로우면서 지속 가능한 사회를 만들기 위해 세상을 어떤 시선으로 바라보아야 할지 알려 주는 교육이다. 지난 2015년 인천에서 개최된 세계교육포럼에서 전 세계적으로 이러한 교육의 필요성을 강조했고, 같은 해 서울에 있는 유네스코 아시아태평양국제이해교육원에 세계시민-국제기구 체험관을 만들면서 본격적인 세계시민교육이 한국 교육 현장에 확산되었다. 한국국제협력단 KOICA 및 몇몇 NGO에서도 전문 강사단을 꾸려 세계시민교육 수업을 진행하며, 교육 커리큘럼 개발에 힘쓴다. 또한 정부에서는 UN 지속가능발전목표(SDGs) 실행 및 세계시민교육의 국내 확산과 정착을 위해 세계시민교육 선도 교사 프로그램을 지난 2015년부터 운영하고 있으며, 유네스코 아시아태평양국제이해교육원*은 전국에서 선발된 세계시민교육 선도 교사들을 훈련하고 지원하는 역할을 담당한다. 지속가능발전목표의 슬로건은 '단 한사람도 소외되지 않는 것(Leave no one behind)'이다. 거주지, 인종, 고향, 성별 등으로 차별받지 않는 세상이 오길 바라는 나의 가치관과도 일맥 상통한다.

* 유네스코 아시아태평양국제이해교육원 홈페이지

세계시민교육을 하려면 다양한 문화를 이해하고 다양한 지역과 국가의 이슈를 알고 있어야 한다. UN의 지속가능발전목표의 열일곱 가지 목표를 어떻게 우리가 사는 지역에서부터 실천할 수 있을지 나의 삶과 연관 지어 늘 고민한다.

지인의 소개로 세계시민교육 강사양성과정을 들으며 누구도 소외되지 않는 세계시민교육은 물론 수업을 통해 다양한 지역의 청소년과 만나는 업무 환경에 매력을 느꼈다. 강의를 위해 다양한 분야, 예를 들어 환경 문제, 젠더 문제, 교육 접근성, 이동 접근성, 지역 소멸 문제 등 우리의 삶을 이루는 모든 것에 관심을 가져야 했다. 때로는 버거울 때도 있지만 동시에 다양한 분야를 두루두루 섭렵할 수 있어서 흥미로웠다.

서울과 지방도시의 교육격차를 해소하는 일에 내가 얼마나 기여할 수 있는지는 모르겠다. 하지만 단 하루의 교육이라도 그들에게 도움이 되기를, 조금 더 세상을 넓게 바라보는 렌즈로 세계시민교육이 작용하기를 바라며 나는 오늘도 세계시민교육을 한다.

시내버스 여행이 아니라 시내버스 전국일주?!

시내버스 여행은 서울에서 부산, 강릉에서 서울과 같은 방식으로 출발 도시와 도착 도시를 정해 시내버스로만 처음부터 끝까지 24시간 안에 이동하는 일종의 '미션'과도 같은 성격을 지니고 있다. 그렇기 때문에 보통은 하루 안에 미션을 완수한 후 귀가한다. 이러한 모습은 유튜브에 '시내버스 여행'이라고 검색하면 관련 영상이 주루룩 나오니 확인할 수 있다.

  그런데 시내버스 여행을 해보자고 생각했던 그 당시 시간도 많았고 할 일도 없었던 나는 미션 완수 후 서울로 돌아가는 기차 비용이 너무 비싸다는 생각에(?) 전국일주 형태로 시내버스를 타고 서울로 돌아가자고 마음먹었다. 그렇게 2023년 3월, 서울을 기준으로 시계 방향으로 돌면서 하는 시내버스 여행을 다음과 같이 계획했다.

> 첫 날: 서울에서 삼척까지 이동
>
> 둘째 날: 삼척에서 부산까지 이동
>
> 셋째 날: 부산에서 광주까지 이동
>
> 넷째 날: 광주에서 서울로 귀환

그런데 실제로 이러한 여행 계획은 전날 미리 평택까지 시내버스로 이동하면서, 또 셋째 날 거제, 통영, 고성에서 타야 할 버스를 잇따라 놓치면서 부산에서 광주로의 이동에 차질이 생겨 최종적으로 아래와 같이 변경되었다.

> 출발 전 날 저녁: 서울 → 평택
>
> 첫 날: 평택 → 안성 → 여주 → 양평 → 원주 → 영월 → 태백 → 삼척
>
> 둘째 날: 삼척 → 울진 → 영덕 → 포항 → 경주 → 울산 → 부산
>
> 셋째 날: 부산 → 거제 → 통영 → 고성 → 진주 → 산청 → 함양 → 남원
>
> 넷째 날: 남원 → 임실 → 전주 → 익산 → 논산 → 계룡 → 대전 → 세종 → 천안 → 평택 → 서울

이 여행 이후 부산에서 광주까지 시내버스로 이동하는 데 실패했다는 사실에 미련에 남아 두 달 후인 5월에 다시 한 번 전국일주를 계획했다. 그 계획은 이렇다.

시내버스 전국일주 계획

> 첫 날: 서울에서 광주
>
> 둘째 날: 광주에서 부산
>
> 셋째 날: 부산에서 울진
>
> 넷째 날: 울진에서 서울

하지만 여행 첫 날 아산에서 공주로 이동하는 아산 120번 버스가 예상보다 늦게 도착해 다음에 타야 할 버스를 놓치고 말았다. 그래서 광주까지 가지도 못하고 다시 일정을 바꿨다. 바꾼 일정은 아래와 같다.

> 첫 날: 서울 → 수원 → 안성 → 평택 → 아산 → 공주 → 대전 → 계룡 → 논산 → 익산 → 전주
>
> 둘째 날: 전주 → 임실 → 남원 → 함양 → 창녕 → 마산 → 창원 → 김해 → 부산 → 울산
>
> 셋째 날: 울산 → 경주 → 포항 → 영덕 → 울진
>
> 넷째 날: 울진 → 삼척 → 태백 → 영월 → 제천 → 충주 → 이천 → 서울

당연히 모든 사람이 시내버스 여행의 암묵적 규칙인 24시간 안에 시내버스를 타고 도시를 이동할 필요는 없다. 다만 덕후들 사이에서는 이 규칙을 따르는 게 당연하다 보니 역시 나도

하루 만에 목표한 도시까지 이동하는 것을 목표로 삼았다.

이 책에서 다루는 일부 에피소드는 지난 2024년 1월 강릉에서 고성까지 6시간 만에 시내버스로 이동할 때 겪은 일도 담았다. 강릉 → 양양 → 속초 → 고성 순으로, 강릉에서 고성까지 시내버스로만 이동해 우리나라 최북단 정류장인 고성 명파리 정류장에 도착하는 것을 목표로 삼았다.

나는 왜 시내버스 여행에 매력을 느꼈을까? 무엇이 시내버스 전국일주를 하게 만들었을까? 시내버스 여행의 매력은 바로 도시 구석구석을 천천히 돌아볼 때 문득문득 찾아오는 여유와 함께, 도시의 경계를 시외버스도 기차도 자가용도 아닌 시내버스로 넘나드는 순간에 있다. 만약 내 친가와 외가가 농어촌 지역에 있었더라면 나는 간접적으로나마 농어촌지역의 삶을 단 며칠이라도 살아보았을 것이다. 그렇지만 친가와 외가는 모두 마산 '시내'에 있었으니 결론적으로 농어촌지역에서 단 1초도 살아본 적이 없다(대학은 충남 아산 신창'면'에 있었지만, 자취는 정작 천안 시내에서 했다). 그래서인지 시내버스를 타고 구석구석 지나며 그곳의 붐비지 않는 일상을 잠시나마 엿볼 수 있는 시내버스 여행에 더 큰 매력을 느낀다. 매일 아침 도시에서 꽉 찬 지하철과 버스를 타고 등하교와 출퇴근을 하는 나에게 조용하고 빠르지 않은 삶을 잠시나마 느낄 수 있도록 하는 이 여행은 아주 매력적이었다.

준비부터 남다른 시내버스 전국일주, 아니 챌린지

시내버스로 전국일주를 하기로 결정하고 가장 먼저 한 일이 있다. 바로 월경일 확인이다. 비록 정확한 여행 날짜를 정하진 않았지만, 대략 3월 말에 가면 되겠다고 생각했기에 3월 마지막 주에 월경이 겹치면 낭패였다. 여성이라면 다들 알 것이다. 여행 기간과 월경 기간이 겹치면 얼마나 성가셔지는지를. 일단 챙길 것부터 늘어나고, 날짜가 가까워질수록 언제 월경이 시작될지 몰라 신경은 곤두서며, 화장실 사용에도 민감해진다. 일반적인 여행도 그런데 시내버스 여행이라면 어떻겠는가? 여유로운 화장실 사용? 촌각을 다투는 이 여행에서는 애초에 기대할 수 없다. 그런데 나는 다행히(?) 당시에 건강상의 이유로 경구피임약을 복용하고 있었다. 일반적으로 3세대 경구피임약은 21일간 약을 먹은 뒤 7일간 휴약기를 가지며 복용을 중단하는

데, 이 중단 기간에 보통 월경이 시작된다. 나는 월경일과 여행 일정이 겹치지 않도록 약으로 조절할 수 있는 상황이었기 때문에 여행을 제대로 준비할 수 있어 상쾌한(?) 기분마저 들었다. 다른 사람들은 시내버스 여행을 결심하면 가장 먼저 시간표 검색부터 한다는데 나는 달력을 들고 월경일을 제일 먼저 점검하다니. 그런 자신이 웃겼다. 그 정도로 나는 이 여행에 진심이었다. 어쨌든 월경 걱정이 끝났으니, 이제 가방 속에 무엇을 넣을지 고민할 차례다.

먼저 옷이다. 평소 여행할 때는 원피스를 입는다. 상, 하의를 고민할 필요가 없고 무엇보다 배가 조이지 않아 편하기 때문이다. 하지만 여행의 목적이 장소가 아니라 시내버스 그 자체인 이 여행에서 핵심은 이동이다. 이 점을 감안했을 때 원피스는 활동의 제약이 크다. 빠르게 걷고, 달리고, 주저앉고(?), 굴러야(??) 할 순간을 대비한다면 아무래도 바지가 최고였다. 최대한 가볍게 움직이며 전국일주를 하기 위해 바지 하나, 양말 세 켤레, 티 세 벌, 속옷 세 벌만 챙겼다. 전국일주를 했던 시기가 3월과 5월이라 땀을 많이 흘리는 한여름이 아니었기에, 동시에 혹한을 대비해야 하는 한겨울이 아니었기에 옷을 가볍게 챙길 수 있었다. 이처럼 이 챌린지의 가장 큰 변수는 계절과 날씨다. 이 부분이 준비 과정에서부터 상당히 신경 쓰였다. 폭우,

홍수, 폭설과 같은 상황이 되면 버스 운행이 예고 없이 갑자기 중단되거나 우회해서 운행될 수 있기 때문이었다. 날씨는 아무리 세상이 발달해도, 아무리 지역의 날씨 예보를 꼼꼼하게 챙겨 보더라도 상황에 맞추어 빠르게 파악하기 어렵다. 만약 여름이나 겨울에 이 여행, 아니 챌린지를 감행했다면 옷을 챙기는 일부터 굉장히 어려웠을 것이다.

두 번째로는 스마트폰이다. 스마트폰은 아주 다재다능한 기능을 가졌다. 지도 애플리케이션으로 버스 노선, 정류장 도착 정보 등을 확인할 수 있고, 모르는 정보는 검색도 가능하며, 사진도 찍을 수 있다. 종종 물건을 사고 결제할 때도 필요하다. 그렇다 보니 스마트폰의 배터리가 꺼지면 이 여행은 끝이다. 물론 스마트폰이 없던 시절에도 시내버스 챌린지에 성공한 훌륭한 선조님들이 있었고, 그래서 '레전드'로 불리는 것이다. 나는 그 레전드가 아니므로 휴대폰 없이 움직이다가는 챌린지에 실패하기 십상이다. 결론은, 이 책을 보고 여행을 준비한다면 보조배터리는 꼭 챙기라고 당부하고 싶다. 여행 내내 유용하지만, 특히 콘센트가 없는 24시 패스트푸드점에서 신세를 지며 휴대폰을 충전할 때 아주 큰 도움이 되었다.

세 번째로 텀블러도 빼놓을 수 없다. 여행을 준비하면서 짐이 될까 봐 마지막까지 고민하다 챙겼는데 그런 나를 칭찬하고 싶을 정도로 아주 유용했다. 쉴 새 없이 이동하다 보면 물을 살 시간은커녕 밥을 먹을 시간도 없이 움직이게 된다. 그러다 어느 시점부터 물이라도 마시지 않으면 건강에 문제가 생길 듯한 순간이 찾아오는데 그때마다 텀블러 덕을 톡톡히 보았다.

"물은 생존권이다."

이 문장은 사실 여행 전까지는 잘 와 닿지 않았다. 그런데 이 여행을 통해 절실히 깨달았다. 물 하나로 인간은 최소한의 배고픔을 해결하고, 음식을 만들고, 손은 물론 몸을 청결히 하고 감염병을 예방할 수 있다. 종종 어렵게 시간을 쥐어짜 밥을 먹으러 식당에 들어갔을 때 정수기를 발견하면 그렇게 반가울 수 없었다. 옹달샘을 본 듯 자주 텀블러를 채웠고 그 물이 여행 내내 큰 도움이 되었다.

마지막으로 챙겼던 물건은 바로 휴지다. 아예 처음부터 두루마리 휴지를 챙겼는데 개중에는 휴지가 비치되어 있지 않은 화장실도 있어 아주 유용하게 사용했다.

이 글을 보며 시내버스 여행에 흥미가 생겼다면 다음 준비물은 꼭 챙기도록 하자.

스마트폰, 충전기 및 보조배터리, 텀블러, 휴지는 기본.
가벼운 겉옷과 삼단 우산도 꼭꼭 챙기자.

그런데 뭐니 뭐니 해도 시내버스 여행은 무조건 어깨가 가벼워야 최고다.

시내버스 여행의 첫 관문은
바로 시간표

종종 시내버스 여행은 주말과 평일 중 언제 하면 좋은지 질문을 받을 때가 있다. 사실 어떤 요일이 더 낫다고는 보기 어렵다. 주말은 주말대로, 평일은 평일대로의 특징이 존재한다.

그중 하나가 시간표다. 버스 운행 시간표는 평일과 주말로 구분해 생각해야 한다. 보통 평일에는 출퇴근 및 등하교에 맞추어 특정 시간대에 버스가 증차된다. 이 말은 내가 탈 버스가 더 짧은 배차간격으로 운행할 가능성이 많다는 뜻이다. 대신 변수도 있다. 바로 출퇴근 시간의 교통 체증이다. 서울에서 부산까지 챌린지를 하는 사람들의 후기를 보면 대구를 통과하는 시간대가 퇴근시간과 겹치기 때문인지 시내를 지나는 대구 급행 5번 버스는 늘 정체에 시달린다. 그러니 이 버스를 타는 버덕들은 늘 심장 쫄깃한 경험을 한다. 주말의 경우 가장 큰 변수는 버스 노선에 따라 주말 및 공휴일 시간표가 달라진다는 점이다. 예를 들어 수도권 반디 버스 1번, 강릉 버스 315번 등은 주말에 아예 버스 운행을 하지 않는다.

주말, 평일 상관없이 시간표와 관련된 변수도 있다. 바로 지역에 따라 방학 기간에는 버스 운행 시간표에 변동이 생긴다는 점이다. 가령 강릉의 경우 등하굣길을 돕는 핵심 버스 노선은 중, 고등학교의 방학 기간이 되면 배차가 줄거나 아예 운행하지 않을 때도 있다.

더불어 장날이 버스 시간표에 영향을 주기도 한다. 장날에는 아무래도 배차 간격이 촘촘해지니 편하지만, 장이 서는 읍내는 오히려 교통이 정체되기 때문에 다음에 탈 버스를 놓칠 가능성도 있어 늘 조마조마, 안절부절한다.

🚌

시내버스 여행을 계획하다 보면 수많은 지역의 버스 노선과 시간표와 마주한다. 서울은 버스도 지하철도 워낙 노선이 많고 배차 시간도 촘촘하니 선택지가 많아 서울 거주민이라면 시내버스를 타는데 도대체 시간표가 왜 필요한지 궁금할 수도 있다.

지방의 시내버스는 시간표에 따라 버스가 움직인다. 물론 서울 버스도, 수도권 버스도 시간표가 있지만, 타야 할 버스를 놓쳐도 짧으면 10분, 길어도 40분 정도면 버스가 온다. 그런데 지방은 여행할 때 꼭 타야 하는 버스 노선이 하루에 한 대만 운행될 가능성도 있다. 따라서 시간표는 반드시 확인해야 한다. 예를 들면 삼척에서 울진으로 이동하는 울진 농어촌버스는 하루에 한 대 운행하며, 오전 7시 50분에 삼척의 호산정류장에서 출발한다. 만일 여행을 떠나고자 하는 사람이 이 버스가 있다는 정보는 알아도 시간표를 모른다면 영문도 모른 채 호산정류장에서 하염없이 이 버스만 기다리게 될 것이다.

🚌

그렇다면 시내버스 시간표는 어디에서 그 정보를 알아볼 수 있을까? 대부분 해당 지역의 시·군청 홈페이지에서 찾아볼 수 있다. 홈페이지에 접속하면 '교통'이라는 카테고리에 시내버스 시간표 관련 각종 공지 사항, 변경 사항이 나오니 이를 참고해 버스 시간표를 확인한다. 그 다음 지도 애플리케이션으로 내가 탈 버스가 실시간 버스 위치 정보 서비스를 제공하는지 확인한다. 만일 실시간 위치 정보를 제공하지 않는 노선이라면 노선 검색이 되는지라도 확인한다. 간혹 시·군청 홈페이지에는 버스 노선 정보가 있는데 지도 애플리케이션에는 나오지 않을 때가 있다. 그럴 때는 교통정보 관련 부서에 전화해 문의하거나 이미 해당 버스를 탑승한 선조님들의 후기글을 통해 내가 찾은 정보가 확실한지 재차 확인하는 과정이 필요하다. 예를 들면 강원도 삼척 오랍드리버스와 강원도 영월 행복버스는 네이버나 카카오 지도 애플리케이션에 정보가 나오지 않지만,

삼척시와 영월군 홈페이지에는 정보가 나온다. 강원도 고성 101, 102, 103, 104번 버스는 카카오 지도에는 정보가 없지만, 네이버 지도 애플리케이션에서는 노선 정보를 확인할 수 있다. 그리고 만약 오후 5시 반에 순창에서 복흥으로 가는 농어촌버스가 용치삼거리에 하차하는지 순창군청 홈페이지의 정보만으로는 확신이 서지 않는다면 과거에 그 버스를 탑승했던 선조님의 후기글로 사실 여부를 확인할 수 있다.

🚌

그렇다면 그 수많은 버덕은 시내버스 여행을 하기 전 이 숱한 과정을 일일이 거치면서 여행 루트를 만들까? 다행스럽게도 이 길을 닦은 선조님들이 과거에 열심히 올려주신 영상, 블로그, 커뮤니티 글 덕분에 오늘날의 후손 버덕들은 업데이트 사항을 확인하며 여행한다.

    선조님들의 과거 자료에는 지역별 시내버스 개편 상황에 따라 폐선된 버스 정보나 신설 노선 등의 정보가 담겨 있어 참고 자료로 삼기 편하다. 만일 영상으로도 확인이 가능하다면 정류장 위치나 특이점을 숙지해 미리 머릿속에서 환승 시뮬레이션을 해보기도 좋다.

🚌

선조님들의 방대한 자료를 확인하기 적합한 온라인 커뮤니티는 나무위키와 디씨인사이드 시내버스 여행 미니 갤러리다. 나무위키에 대해서는 여러 의견(?)이 있어 나무위키를 소개하는 것이 적절한지 판단이 서지 않으나, 시내버스의 모든 정보를 가장 잘 정리한 아카이빙 사이트는 나무위키 외에는 없다. 실시간으로 세세한 정보를 질문하거나, 최신 시내버스 여행 후기를 보고 싶다면 디씨인사이드가 사용하기 편하다. 그 외에도 개인 블로그나 유튜브 영상을 참고하거나 인터넷 검색창에 'ㅇㅇ에서 ㅇㅇ까지 시내버스 여행'이라고만 쳐도 도움될 만한 정보가 나온다.

물론 막상 여행길에 오르면 예상치 못한 방향으로 계획이 틀어질 수도 있고, 내가 타려는 버스가 날씨, 버스 고장, 조발(시간표의 시간보다 더 빨리 출발하는 것), 폐선, 5일장으로 인한 버스 노선 우회 혹은 운행 중단 등 여러 사정으로 갑자기 버스를 타지 못할 수도 있다. 이러한 변수가 불안하다면 버스를 기다릴 때 근처 상점의 사장님이나 정류장에 있는 지역 주민들에게 내가 탈 버스 노선 정보가 확실한지 물어보는 방법도 추천한다. 다만 지역 주민의 정보 역시 100퍼센트 신뢰는 어려우므로 한 사람이 아닌 여러 사람에게 물어보며 재차 확인하는 게 좋다. 버스에 오르기 전에 버스 기사님에게 물어보는 것도 방법이다.

그런데 혹시 '숫자'가 아닌 '지명'으로 가득 찬 버스 노선과 시간표를 본 적 있는가? 총 아홉 개 권역으로 나뉘어 있는 경상남도 진주는 버스 운행 지역별로 번호를 부여해 외지인도 어느 정도 버스 노선 체계를 이해할 수 있다. 가령 130번 버스라면 1은 경상대권역, 3은 이현동권역, 0은 노선구분번호를 뜻한다. 이처럼 '짱' 멋진 지자체도 있지만 그렇지 않은 지자체도 있다. 노선 체계를 가장 파악하기 어려웠던 지역은 경상북도 울진이다. 이곳의 버스 시간표를 살펴보면 일단 버스 번호가 없고 온통 지역명만 적혀 있다. 그래서 후포는 어디고 평해는 어디이며 울진군청으로 가는 버스는 도대체 무엇인지 알 길이 없다.

농어촌지역은 권역 간 거리가 비교적 멀리 떨어져 있다. 지역 주민은 매일매일 버스를 타기보다는 병원을 가거나 장을 보러 가는 등 읍내에 일이 있을 때 시내버스를 탄다. 모든 정류장에서 승하차하는 도시의 버스와 달리 농어촌지역 시내버스는 승하차하는 사람이 상대적으로 적다보니 일명 '주요 거점 정류장'을 중심으로 승하차를 한다. 그래서 노선 설명이나 시간표 역시 거점 정류장 이름 혹은 동네 지명을 중심으로 표시한다. 거점 지역이 어딘지도 모르고 읍내 이름도 익숙하지 않은 외지인이 농어촌지역 버스 노선 시간표를 해석하기는 쉽지 않다.

따라서 어떤 동네와 동네가 가까운지, 어떻게 이동해야 동선상 효율적인지 파악하고 싶다면 대도시에서 해당 지역으로 연결하는 '완행' 시외버스 노선에 나온 행선지명이나 해당 도시의 기차역명으로 추측할 수 있다. 경상남도 함안을 예로 들어보자. 진주에서 출발해 반성, 군북, 함안, 중리를 거쳐 마산으로 가는 무궁화호 1942번 기차를 검색해 전체 노선을 확인한다. 이를 바탕으로 진주시에 있는 '반성면'은 진주와 함안 사이에 있는 동네이고, 함안군 군북면은 함안 읍내와 다소 떨어져 있어 오히려 진주 혹은 의령과 가까운 곳이라고 알 수 있다.

농어촌버스는 읍내의 시내·외 버스터미널인 거점 정류장을 거쳐 다른 지역으로 이동하는 노선이 많은 편이다. 가령 용인의 시내 권역에 속하는 지역 위치와 거리를 참고할 때는 서울 남부터미널에서 진천까지 가는 완행 시외버스의 중간 정차지(서울-양지-좌전-백암-죽산-두원공대-광혜원-이월-진천)를 보고 유추했다.

    읍내, 생활권역, 거점 정류장을 이해한다면 시내버스 시간표를 보기 수월해진다. 지역의 버스 시간표로 가고자 하는 지역의 지명에 익숙해지고 이해하는 일이야말로 지역과 가까워지는 첫 걸음이라 하겠다.

여행을 준비하며 만난 뜻밖의 난제, 어쩌면 더 큰 관문

중학생 때부터 지하철과 시내버스를 포함한 교통수단 덕질을 했지만, 이 취미는 스물아홉이 될 때까지 되도록 숨기고 다녔다. 당당하게 대중 앞에서(?) 교통 덕후라고 밝힌 건 1년도 채 되지 않았다. (그리고 이제 이 책을 쓰고 있는 이상, 만천하에 이 취미를 다 밝혀버리게 되었다.) 이 덕질은 나에게는 '숨듣명(숨어서 듣는 명곡)'과 같았다. 그렇게 된 이유는 주위 지인들이 이 덕질에 대해 이해를 전혀 하지 못하는데다가 교통 덕후 커뮤니티에 들어갔지만 잘 끼지 못했기 때문이다.

고등학생 때 페이스북 그룹 '철도 마니아 커뮤니티(커뮤니티 명은 가명)'에 가입했다. 거기에서는 번개 모임 게시글이 올라오면 댓글로 참석 여부를 밝히는데 딱 한 번 호기심에 참석 댓글을 달았다. 그러자 수많은 '좋아요' 이모티콘이 댓글에 표시

되었고, '어! 여자다!'라는 유형의 답글이 달렸다. 순간 공포를 느끼고 결국 모임에는 가지 않았다. 그 후에도 종종 페이스북 그룹 게시글에 댓글을 달면 비슷한 상황이 연출되었다. 기차 덕질 관련 오픈 채팅방에 들어가서 대화하려 해도 나의 반응 하나하나에 '여자다! 여자가 말한다!'와 같은 반응이 돌아왔고, 덕후 대 덕후로서 당당하게(?) 대화하고 싶다는 나의 의도와는 다른 방향으로 이야기가 흘러갔다. 덕질과 무관하게 내가 몇 살인지, 어디 사는지를 묻는 이들 속에서 나 혼자 원치 않는 소개팅 현장에 내던져진 느낌이었다. 그래서 지금까지도 덕후 모임에는 간 적이 없다.

교통수단에 열광하는 이들은 주로 남성이다. 버스 기사, 열차 기관사 대부분도 남성이다. 교통안전정보관리시스템 성별 운수종사자현황에 따르면 2023년 기준 전국 시내·외, 마을, 농어촌버스 기사 94,746명 중 남성 버스 기사는 93,030명으로 전체의 약 98.1퍼센트를 차지한다.

    교통 덕후 커뮤니티는 주로 관련 분야 네이버 카페, 디씨 인사이드 버스·지하철·철도 갤러리와 나무위키다. 이 커뮤니티들은 남성의 가입 비율이 높다는 공통점을 지녔다.

    시내버스 여행과 관련해 정보가 잘 정리된 웹사이트는 나무위키다. 과거 선조님들이 남긴 흔적부터 여행에 필요한 최신 정보까지 가장 많다. 시내버스 덕질에 입문하기 위해서는 나무위키의 '시내버스 여행' 카테고리 정독은 사실상 필수다. 흔히 말하는 꿀팁을 포함한 온갖 TMI(Too Much Information)가 나무위키에 상세히 적혀 있다. 각 지자체 별 시내버스 노선의 역사, 정보, 변경 사항 역시 나무위키에 잘 정리되어 있다. 갑자기 내가 찾는 버스가 폐선되었다면 나무위키에 그 이유가 이미 올라가 있을 것이다.

디씨인사이드 갤러리는 게시판 형태의 인터넷 커뮤니티 사이트이며 분위기는 단체 채팅방과 비슷하다. 특히 시내버스 여행 미니 갤러리는 누군가가 여행 계획표를 짜서 '형님들 조언 좀 해주십시오'라고 글을 올리면 형님들이 댓글로 이런저런 조언을 해준다.

형님과 아우만 있다고 굳게 믿는 커뮤니티에서 함부로 나의 정체(?)를 드러내기가 쉽지 않다. 나 역시 '형님들, 조언 좀 해주십시오' 글을 올린 적이 있는데 여자임을 최대한 들키지 않기 위해 몇 번이나 글을 다듬었는지 모른다. 물론 여자임을 들키더라도 갑자기 무슨 일이 생기지는 않았겠지만, 커뮤니티에서의 암묵적 '분위기'를 굳이 깨고 싶지 않았다. 다행히 '형님'들은 이 '아우'의 계획에 기꺼이 조언해 주었다.

한 번은 시내버스 여행과 관련해 유용한 정보를 올리는 블로거가 있어 정보 나눔에 대한 감사의 의미로 공감 버튼을 누르려고 했는데 눌리지 않았다. 블로거로부터 차단을 당하면 그러는 경우가 있다던데 그분의 자기소개에는 '꼴페미충은 꺼지라'고 적혀 있었다.

지난 2019년 근로기준법 개편 당시 주 52시간제 도입을 통해 당시 많은 시군 버스 시간표가 개편되었다. 이 이슈에 대해 교통 덕후 커뮤니티에서는 원색적 비난을 담은 글을 올리는 덕후들이 왕왕 있었다. 또한 코로나19 팬데믹으로 버스 배차가 줄어 버스 여행에 제한이 생긴 것을 정부 탓으로 돌리며(?) 정부에 대한 혐오 발언을 스스럼없이 올리는 덕후도 있었다. 전국장애인차별철폐연대의 지하철 탑승 시위가 열리는 날이면 커뮤니티에는 '왜 또 기어 나오는 거임?' 이라는 게시글이 올라왔다. 커뮤니티에서 조금이라도 자신의 의견과 다른 게시글이 있으면 반박 혹은 비난하는 의미로 '님 장애(인)임?' 댓글이 '자연스럽게' 오갔다. 이를 그저 '흐린 눈'으로 바라보기에는 마음이 너무나도 버거웠다. 덕질을 숨어서 하는 이유는, 시내버스 여행을 하기 참 어려운 이유는, 이 여행의 핵심은 정보인데 정보를 얻을 커뮤니티가 나에게 너무 버겁기 때문이다. 예상할 수 없는 곳에서 갑자기 혐오 표현이 나타나니 정보를 얻어야 할 상황이 마냥 편하지만은 않다.

커뮤니티를 벗어나도 덕질이 쉬운 것은 아니다. 시내버스 전국일주를 계획할 때 지인들의 반응은 한결같았다. "여자라서 위험하지 않을까요?" 사실 이 반응은 '여자'가 '혼자' 해외여행을 갈 때도 따라다닌다. 여자라서 위험하다는 말은 여자들의 도전을 막고 또 막는다.

내가 했던 시내버스 전국일주는 어쩌면 뒤죽박죽 버스 시간표보다 혐오, 편견과 마주하는 순간들이 나에게는 더 큰 '챌린지'가 되었을 것이다. 그런데도 이 덕질을 왜 숨어서라도 하느냐고? 좋아하는 데 이유가 있나. 그저 좋고 재미있을 뿐이다. 좋아서라는 말 말고는 달리 할 말이 없다. 원래 '휴덕'은 있어도 '탈덕'은 없듯이 말이다. 모든 사람을 혐오 없이, 편견 없이 대하려고 노력하는 나 같은 덕후가 있어야 이 교통수단 덕후 생태계에 조금이나마 희망이 생기지 않을까? 그렇다면 숨어있던 덕후들이 손을 내밀고 함께 연대하며 덕질할 수 있을 것이다. 교통 덕후 커뮤니티가 더 커져서 더 건강한 생태계로 순환하길 희망한다.

안전이냐, 돈이냐

57 시내버스 여행을 준비할 때 역시 빼놓을 수 없는 것은 묵을 장소다. 15시간 넘게 버스에 엉덩이를 붙이고 주구장창 이동만 하는 시내버스 여행은 안전한 공간에서 체력과 휴대전화 배터리를 충전하는 일이 가장 중요하기 때문이다.

다른 선조님들의 후기를 참고하면 여행 중에 따로 숙소를 마련하지 않고 길에서 밤을 새거나(서울에서 부산까지의 시내버스 여행을 성공하겠다고 서울에서 시내버스 막차로 평택지제역 정류장까지 이동한 뒤, 평택지제역에서 천안역까지 새벽 내내 도보로 이동하는 사람들이 있다. 총 거리는 27킬로미터, 도보로는 5시간 정도 소요된다) 인근 PC방에서 시간을 보내는 모습도 볼 수 있었다(이건 그나마 앉아라도 있으니 낫다). 그런데 길에서 밤을 새는 건 위험하고 체력을 보충하기 어렵다. 게다가 PC방에서 시간을 보내면 비용은 아낄 수 있을지 몰라도 밀폐된 공간과 담배 냄새 때문에 갑갑하다.

　그래서 나는 여행을 계획할 때 길이나 PC방 등에서 하룻밤을 보내는 상황은 애초에 선택지에 넣지 않았다. 대신 고민 끝에 24시간 사우나를 넣었다. 물론 24시간 사우나라고 해서 완전히 안전하다고 보기는 어렵다. 가지고 있는 물건을 도둑맞을 수도 있고 성추행을 당할 수도 있다. 하지만 예산을 아끼면서도 비교적 따뜻하고 안전하게 하룻밤을 보낼 방법으로는 사우나가 제격이었다. 그렇게 시내버스 여행하는 내내 '사우나'라는 단어를 검색해 후기가 좋은 곳에서 자기로 결심하고, 따로 숙소는 알아보지 않은 채, 2023년 3월 시내버스 전국일주가 시작되었다.

🚌

　그렇게 여행 첫 날 일정을 마치고 삼척에서 하루 머물 때의 일이었다. 시내에 사우나 하나쯤 있을거라 생각하고 지도 애플리케이션으로 '사우나'를 검색했다. 쭈루룩 나오는 리스트를 보고 혼자 흡족해 하면서 가격이 얼마인지 궁금해 한 사우나에 전화했다. 그런데 청천벽력 같은 소리가 들려왔다.

　"여기는 10시 되면 문 닫아요. 삼척에 24시간 하는 곳은 없을텐데."

　세상 물정을 몰라도 너무 몰랐다. 코로나19의 여파로 손님이 줄고, 러시아와 우크라이나 전쟁으로 가스 요금이 올라 사우나가 영업시간을 조정하거나 아예 폐업을 한 것이었다.

세계시민교육 수업을 할 때는 국제 이슈에 귀 기울이며 관심을 가지는 일이 진정한 세계시민이 되는 길이라는 교육 메시지를 전한다. 그러면 몇몇 학생들은 지구 반대편에서 일어나는 일과 나의 삶이 무슨 상관이냐고 묻기도 한다. 그 학생들에게 지금의 내 상황을 전하고 싶다. '전쟁이 터져서 가스요금이 올랐고 사우나가 폐업했대. 그래서 나는 오늘 사우나에서 잠을 잘 수가 없어.'

지구 반대편의 이슈는 나의 삶에 작게 혹은 아주 크게 침투한다. 잠을 못 자는 나의 하룻밤부터 사우나 운영을 중단할 수밖에 없는 자영업자들에게까지 말이다.

안전을 택하기로 한 나는 울며 겨자먹기로 어느 모텔에 4만 원을 지불하고 잠을 잘 수밖에 없었다.

대도시에서 자는 날에는 24시간 운영하는 패스트푸드점이나 카페에 가서 쪽잠을 자고 세수만 했다. 그래도 PC방보다는 낫다고 생각했다. 그런데 여전히 난제는 존재한다. 콘센트가 없으면 전기 충전을 할 수 없고, 쪽잠을 청하는 걸 싫어하는 가게에 '당첨'되면 잠도 잘 수 없다. 그나마 다행이었던 것은 여행 중 휴식을 취했던 가게에 모두 화장실이 있어 세수 정도는 할 수 있

없다는 것이다. 그래도 늘 가게에서 하룻밤 신세를 질 때마다 이렇게 무사히 밤을 보낼 수 있구나 고마운 마음이 들면서도, 제대로 된 숙박시설에서 돈 걱정 없이 자고 싶다고 생각했다.

 어느 날 진주 시내에서 하루 숙박을 할 일이 있었다. 진주 시내 숙소는 하루 숙박 평균가가 5만 원 정도였는데, 내가 예약한 숙소는 3만 원이었다. 친구에게 싼값에 숙소를 예약했다고 자랑했는데 친구는 내가 예약한 숙소의 블로그 후기 글을 보내 주면서 다른 숙소를 추천했다. 블로그 내용은 숙소 사장님이 마스터키로 객실 방문을 따고 들어와 위험한 상황에 처할 뻔했다는 것이었다. 세상에, 숙박시설도 안전하지 않구나.

여행을 계획하면서 안전의 정도를 생각했을 때 PC방이나 노숙, 사우나를 이용해도 걱정 없는 남성들과 달리 여성은 비교적 안전하다고 여겨지는 모텔과 같은 숙박시설마저도 위협을 받을 수 있다는 것을 알게 되었다.

 물론 이러한 위험성이 있다고 해서 시내버스 전국일주를 포기하고 싶지는 않다. 다만 나의 즐거움을 포기하는 게 나을지 고민할 정도로 여성 혼자 하는 시내버스 여행이 위험부담이 있다는 사실만은 부정할 수 없다. 안전하고 가성비 넘치는 여행을 하고 싶다는 바람이 큰 바람이 아니었으면 좋겠다.

시내버스 여행의 묘미는 '우연히'에 있다

시내버스 여행에 대한 설명과 여행기를 영웅담(아님)처럼 이야기하면 각양각색의 반응과 마주하게 된다.

> "아니 그 여정을 왜 버스로 가요? 그냥 차를 타고 가면 되지!" (이건 여행 의도에 대한 이해를 완전 실패한 것이다.)
>
> "아니 그런 걸 뭐 하러 해요?" (이건 덕후에 대한 예의 지키기에 완전 실패한 것이다.)

이런 반응을 들으면 뭐 하러 영웅담을(?) 시간 내서 열변을 토했는가(물론 아무도 시간을 내서 이야기해 달라고 한 적 없다) 싶어 씁쓸하다. 그런데 이해할 수 있다. 원래 덕질은 그 누구에게도 이해받기 어려우니 말이다(그래도 이 책의 독자는 조금은 이해를 해줄 거라고 믿고 싶다). 그렇다면 내가 시내버스 챌린지에 빠지게 된 이유는 뭘까?

🚌

나는 사실 시내버스 챌린지에 관심을 가지기 전까지 한국의 지리에 무지했다. 양평과 원주가 이웃해 있고, 제천과 영월이 붙어 있으며, 남원과 함양이 바로 옆 도시라는 것을, 다시 말해 경기도(양평)와 강원도(원주), 충청북도(제천)와 강원도(영월) 그리고 전라북도(남원)와 경상남도(함양)의 거리가 그렇게 가까운 줄 몰랐다. 학창시절 사회탐구로 한국의 지리를 선택하지 않아서 혹은 내 시야가 좁아서 그럴지도 모른다. 그래서 시내버스의 노선을 이으면 전국을 갈 수 있다는 사실이 나에게는 큰 흥밋거리로 다가왔다. 세상이 이렇게 연결되어 있다니! 세계시민교육에서 가장 많이 나오는 문구인 '우리는 모두 연결되어 있다'의 실체를 시내버스 여행에서 직접 보게 된 것이다.

여행이라고 하면 아무래도 관광지를 중심으로 도시를 방문하기 때문에 어느 정도 정해진 길로만 그 도시를 구경하게 된다. 그렇지만 시내버스는 다르다. 내가 원하는 길로 가지 않는 시내버스는 도시의 구석구석을 보여 준다. 그 '구석구석'을 통해 우연히 그 지역의 관광지를 구경하고, 우연히 아름다운 산과 바다를 본다. 꼭 산과 바다가 아니더라도 무어라 설명할 수 없는 아름다운 풍경을 우연히 볼 때도 있다. 우연히 뜻밖의 동네에 내던져져 동네 사람들에게 사랑받는 식당에서 끼니를 해결하다 뜻밖의 맛집을 발굴하고, 우연히 동네 사람만 아는 명소에 가서 사진을 찍는다. 우연히 지역 주민의 사는 이야기를 듣거나 같이 이야기를 나누는 쏠쏠한 재미를 느끼고 지역의 다양한 이슈를 알게 된다. 그 '우연히'가 좋았다.

'우연히' 만나는 순간, 경계, 풍경, 사람, 이야기가 시내버스 여행을 계속하도록 이끌어 주는 요소이자 매력이었다. 사실 내가 느낀 매력을 똑같이 느끼지 못해도 괜찮다. 앞서 말했듯 원래 덕질은 누구에게도 이해받기 어려우니까.

쉬어가는 이야기
읍내의 기준

도시와 시골을 어떻게 구분할 수 있을까? 시내버스 여행을 하면서도 결국 명확히 결론을 내리지 못했다. 하지만 읍내의 기준은 명확하다. 농협, 하나로마트, 우체국, (이리 오라는 듯한) 체인 커피숍, (파리에는 없는 파리가 떠오르는) 체인 빵집, (소중한 리아버거를 먹을 수 있는) 체인 패스트푸드점이 있으면 그곳은 읍내다. 여기에 로타리까지 있으면 완벽하다. 다만 최근 떠오르는 유명 읍내는 위의 조건에 31이 붙는 아이스크림 체인점이 추가된다.

그래서 이런 상상을 한 적이 있다. 만일 읍내에 빵집으로 특정 브랜드 하나만 있는데 그 브랜드가 사회 이슈에 휘말려 개인이 불매운동을 벌이고 싶을 때 누군가는 그곳 외에 선택지가 없어 동참하지 못할 수도 있겠구나. 불매운동도 할 수 있는 환경에 있는 사람과 그렇지 못한 사람이 있다.

2부

버스에서 만난 사람들

삼척에서 만난 버스 기사님
: 시내버스는 동네 사랑방

2023년 3월 1차 시내버스 전국일주 여행 전날 및 1일 차
서울-평택-안성-여주-양평-원주-영월-태백-삼척

유독 강원도를 지날 때 버스 기사님들이 먼저 말도 걸고 도움도 주었다. 영월에서는 210번 버스를 타고 주천에 갈 때, 계속 영상을 찍는 나에게 유튜버냐, 이 행복버스는 주민만 아는데 어떻게 알았느냐면서 질문을 던졌다. 당연히 유튜버는 아니고, 행복버스는 영월군 시설관리공단 홈페이지에 모든 정보가 나와 있어 주민이 아니라도 알 수 있다고 했다. 아무래도 외지인 티가 나서 그런지, 기사님은 호기심을 가지고 질문했을 것이다. 한창 관심 받는 게 좋을 나이인 스물아홉(아님)의 나는 기사님의 온갖 질문에 최대한 성실히 답했다. 혼자 여행하다

보면 입을 뗄 일이 적어서, 누군가 말을 걸어오면 반갑다. 서울에서 버스를 탈 때는 그 누구도 나에게 관심을 주지 않는데 말이다.

🚌

강원도 삼척 환선굴에서 삼척 시내로 돌아가는 80번 버스를 탔을 때의 일이다. 80번 막차는 환선굴 폐장 시간 이후에 운행하기 때문에 그 시간에 환선굴에서 버스를 타는 사람은 드문 듯했다. 기사님은 문을 닫은 환선굴에서 버스를 탄 낯선 아가씨가 신기했는지 어디 가는 길이냐고 물었다. 나는 지금 삼척 시내로 가는 중이고, 될 수 있으면 삼척 '호산'정류장까지 갈 거라고 답했다. 호산은 사람들이 자주 가는 지역이 아니라서, 기사님은 다시 나에게 왜 그곳까지 가냐고 물었다. 그래서 자연스럽게 시내버스 여행 중이라고 밝히고 대강의 일정을 읊었다. 호산까지 가는 이유는 다음날 오전 7시 50분에 호산에서 출발하는 울진 버스를 타기 위해서였는데 기사님이 갑자기 걱정하기 시작했다.

"호산에서 울진으로 가는 버스는 하루에 한 대 밖에 없는데 확실하게 알아보고 왔어요?"

갑작스러운 기사님의 말에 불안해지기 시작했다. 인터넷의 여행 후기와, 울진군청 홈페이지에서 수차례 확인해서 잘못되었을 리는 없을 텐데. 곧이어 기사님은 교통 신호에 멈출 때마

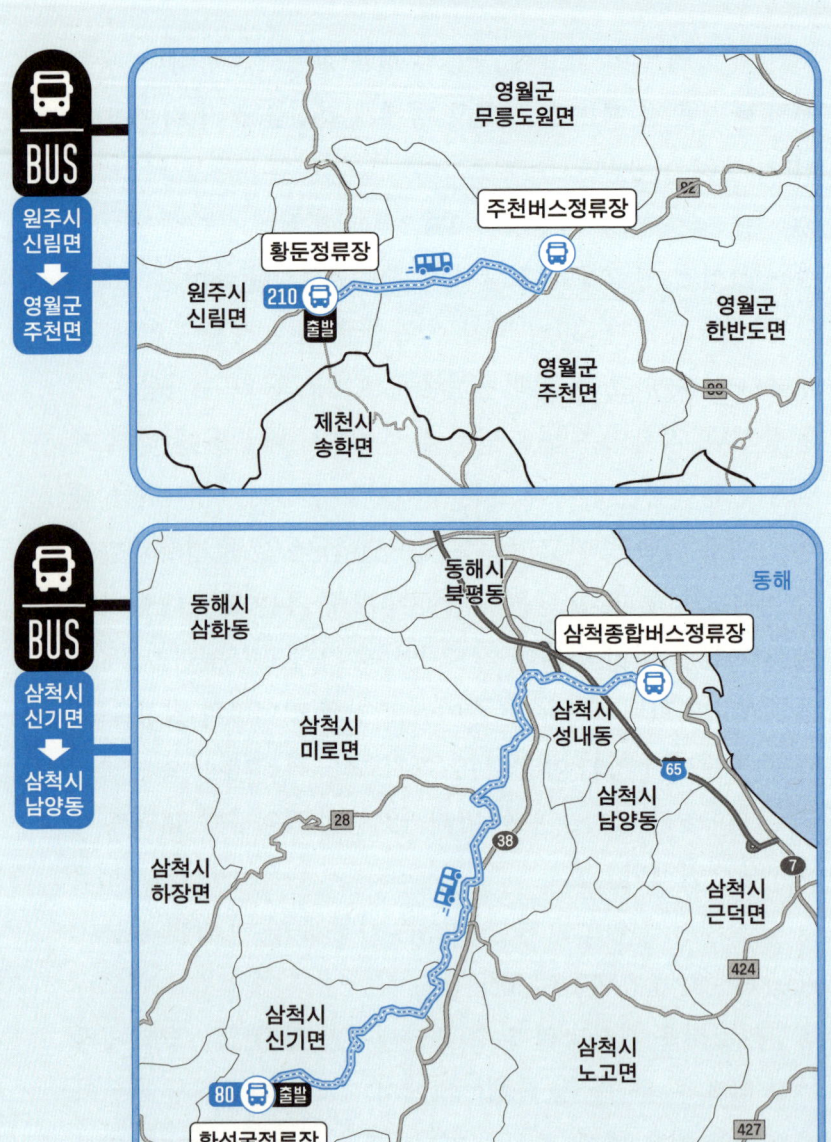

다 자신이 아는 버스 기사님들에게 전화를 걸어 자초지종을 설명하고 울진행 버스 정보가 실존(?)하는지 일일이 확인했다. 다행히 울진 버스는 실존(?)했고 내가 알아본 시간이 맞았다. 기사님은 정말 다행이라고, 그렇게 계획해서 여행까지 왔는데 그 버스가 오지 않으면 얼마나 속상했겠냐고 했다.

이어 기사님은 삼척 시내의 맛집 정보 보따리를 풀었다. 어떤 횟집이 맛있는지, 삼척 사람들은 어디에서 술을 자주 마시는지, 시내 중심가가 어디인지도 친절히 알려 주었다. 택시 기사들이 추천하는 곳이 일명 '로컬 찐 맛집'이라는 말이 있는데 버스 기사에게도 포함되는 말이었나 보다. 그리고 기사님은 나의 여행을 응원했다. 여자애가 위험하게 뭐하냐는 말도, 쓸데없는 여행을 하고 있다는 상처될 법한 말도 일절 하지 않았다.

기사님 말에 따르면 삼척 80번 버스의 막차 시간에는 타는 사람이 정해져 있다고 한다. 그래서일까, 기사님은 모든 승객과 인사를 나누고 안부를 물었다. 그 모습을 보니 이 버스가 마치 동네 사랑방 같았다. 승객들끼리는 서로 몰라도, 기사님은 승객들의 몸과 마음의 안부를 묻는다. 농어촌지역의 버스 기사님과 승객들의 관계는 가깝다. 기사님들 역시 같은 동네에 살 때도 있어 서로의 안부를 묻고 소식을 주고받는 일이 일상처럼 보였다.

일면식도 없는 사람의 여행에 진심을 다해준 기사님 덕분에 앞으로의 여행 일정도 순탄히 흘러갈 것만 같았다. 기사님으로부터 곱게 받은 그 진심을 나 역시도 여행하는 내내 베풀어야겠다고 생각했다.

후포에서 만난 할머니
: 누군가의 한마디가 누군가의 삶을 나아가게 한다

2023년 3월 1차 시내버스 전국일주 2일 차
삼척-울진(부구)-울진-울진(평해)-울진(후포)-영덕(영해)-영덕-
포항(송라)-포항-경주-울산-부산

후포에서 영덕으로 넘어가는 버스를 기다리고 있었다. 버스가 올 때까지 1시간 정도 시간이 있어 후포항 구경을 했는데 3월인데도 너무 더웠다. 그래서 정류장에 앉아 버스를 기다리다가 바로 근처에서 옷 장사를 하는 할머니와 이야기를 나누었다. 강원도에서는 기사님들이 먼저 말을 걸었다면, 경상도에서는 할머니들이 먼저 말을 걸었다.

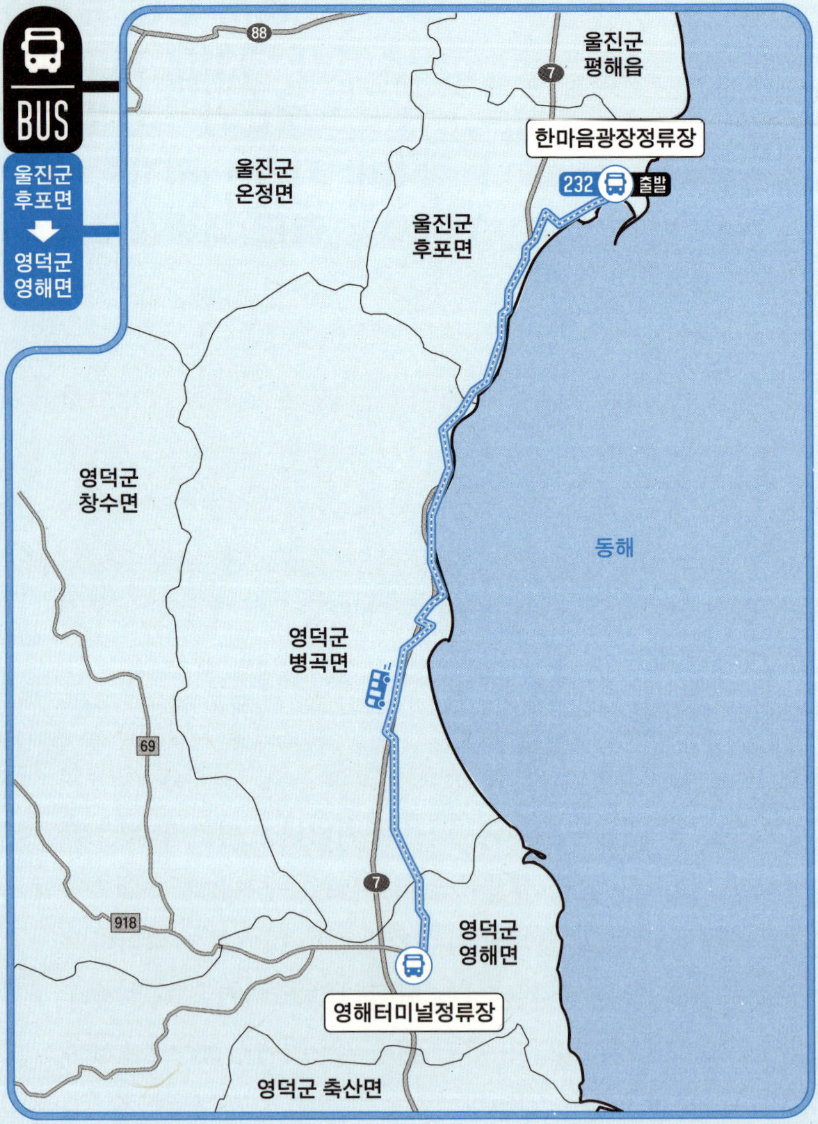
BUS
울진군 후포면
영덕군 영해면
88
7
울진군 평해읍
한마음광장정류장
232
출발
울진군 온정면
울진군 후포면
영덕군 창수면
동해
영덕군 병곡면
69
7
918
영덕군 영해면
영해터미널정류장
영덕군 축산면

"여어서 뭐합니까?"

"시내버스를 타고 전국을 돌아다니는 여행을 하고 있어요."

"일은 안 합니까?"

"잠시 쉬고 있어요."

이 당시에는 일을 그만두고 실업급여 받으며 쉬고 있었는데 잠시 쉰다는 내 말을 들은 할머니가 "잘했다! 잘했다!" 하면서 칭찬을 마구 했다.

이어서 들려오는 나이는 몇 살이냐는 물음. 보통 할머니들의 질문 레퍼토리는 비슷하다. 어디 가는지, 뭐 하는 아가씨인지(젊은 사람이 일 안 하고 평일 낮에 여기서 뭐하냐는 의미가 함축되어 있다), 나이는 몇 살인지. 결혼 여부와 결혼에 관한 생각을 물을 때도 있다. 이 날도 결혼에 대한 질문이 이어져 이렇게 대답했다.

"우리 할머니도 결혼하지 말라고 하셔요. 세상이 좋아졌으니 하고 싶은 것 다 하고 살아야 한다고요."

"아이고야 세상에. 아가씨 할머니 젊다!"라며 박수를 연신 치셨다. 기분 상하지 않는 유쾌하고 진지한 대화와 칭찬이 가득한 추임새가 이어졌다.

할머니는 20여 년 전 부산에서 후포항으로 넘어와 장사를 시작했다고 했다. 어쩐지 사투리가 경북 말씨는 아니었다. 내 과거 직업, 앞으로의 계획, 이 여행의 여정 등등을 듣더니 "젊어서 좋아. 젊으니까 뭐든 할 수 있어! 건강하잖아, 할 수 있잖아?" 하고 할머니가 밝은 미소를 지으며 응원하는데 그 말이 어찌나 힘이 되던지. 나 정말 할 수 있는 사람이었어!

한국에서 이상적으로 생각하는 보통의 삶은 대부분 이렇다. 좋은 대학교(이제는 좋은 대학교의 기준도 모르겠지만)에 다니고, 영어와 제2외국어는 기본으로 잘하고, 날씬하고 예쁜 외모도 갖춰야 한다. 해외 어학연수도 다녀와야 하고, 남들 다 가지고 있는 외국어 자격증(하지만 남들 다 가지고 있는 자격증이라기에는 토익이든 HSK든 JLPT든 뭐 하나 쉽게 딸 수 있는 자격증은 없다. 학원비, 인터넷 강의 결제 비용만 해도 얼마인가? 책값은 또 얼마고?)과 컴퓨터 활용능력, 한국사 등의 자격증도 갖추어야 한다. 자격증을 갖춰 멋진 대기업에 입사해서 승승장구하다 적당한 때(과연 이 적당한 때란 언제일까) 시집도 가고 아이를 낳고 사는 보통의 삶. 사회는 나만의 길을 걷는 것이 괜찮다고 하지만 20대 후반에 안정적인 직장을 가지지 않는 삶, 서른이 다 되어 가는데 인턴과 계약직을 전전하는 삶, 그리고 결혼하지 않은 삶은 괜찮다고 말해 주지 않았다. 전국일주를 떠났을 때는 강사 일을 준비하던 무렵으로, 야근을 밥먹듯이 시키고 성과를 내도 인정해 주지 않는 회사에 상처를 받아 그만둔 직후였다. 그렇다 보니 사회생활에 적응도 못하고 이 나이 먹을 때까지 그렇다 할 경력도 없는 내가 못나 보였다. 아무것도 할 줄 모르고 나이가 들어도 이렇게 살면 어떡하나 고민이 많았다.

전혀 안면도 없는 할머니였지만 젊으니까 무엇이든 할 수 있다며 건넨 그 말이 나에게 큰 위로가 되었다. 아니 어쩌면 나는 그런 위로를 받고 싶었던 걸지도 모른다.

한 인터넷 커뮤니티에서 이런 구절을 본 적이 있다. "자존감이 무너질 때는 새벽에 목욕탕에 가서 할머니들 속에서 목욕하자." 모르는 할머니들이 '젊다' '예쁘다' 칭찬을 그렇게 한단다. 이런 말을 들으면 힘이 날 거라는데 과연 그 말은 사실이었다. 때로는 모르는 사람의 한마디가, 낯선 사람으로부터의 따뜻한 응원과 위로가 계속해서 앞으로 나아갈 힘을 준다.

통영에서 만난 할머니
: 순간의 풍경에 집중할 것

2023년 3월 1차 시내버스 전국일주 3일 차
부산-거제-통영-고성-진주-산청-함양-남원

통영에서 고성으로 넘어가기 위해 아슬아슬한 환승을 해야 했다. 통영 677번 버스가 오전 9시 20분쯤 도산면사무소정류장에 도착하면 도산면 일대를 한 바퀴 도는 고성 000번 버스(버스 번호가 000이라니!) 역시 도산면사무소정류장을 지나갈 시간이라 좀 아슬아슬하기는 해도 환승할 수 있을 듯했다. 그리고 이 방법이 실패해도 원동마을을 지나는 정류장에서 한 번 더 만나니 꽤 승산이 있을 거라는 생각도 들었다. 하지만 고성 000번 버스는 지도 애플리케이션에서 실시간 위치 서비스를 제공하지 않아 언제 도착하는지 알 수 없었다. 시내버스 대부분은 지도 애플리케이션으로 실시간 위치 정보를 알 수 있지만, 일부 버스는 확인하기 어려운데 고성 버스가 대체적으로 그렇다. 그런 불안함을 안고 도산면에 진입했다. 도산초등학교 쪽을 지나는데 길 반대편에서 버스가 하나 오는 게 보였다. 반대편 버스를 놓칠 새라 버스 번호도 확인하지 않은 채 급히 하차했다. 그러고 나서 다시 확인하니 그 버스는 내가 타려던 고성 000버스가 아닌 통영 시내로 돌아가는 다른 버스였다. 그렇게 고성 가는 버스를 놓쳤고 다음 고성 버스는 무려 세 시간 이후에 도착한다는 충격적인 사실을 알게 되었다.

순간 눈물이 나왔다. 동시에 속도 상했다. 이 여행의 전날, 버스 노선 중 환승하기가 애매한 구간을 늦게 발견해 잠도 못 자고 새벽 내내 처음부터 다시 일정을 짰다. 그런데 보기 좋게 그것도 오전 9시에 망해 버리니 눈물이 안 나올 수가 없었다. 대체 왜 나에게 이런 시련이.

순간의 스릴을 즐겨야 하는 게 시내버스 여행이라지만, 이러한 변수가 언제 어디서나 생길 수 있다는 것이 버스 여행이라지만, 아무리 그래도 오전 9시에 계획이 어긋났다는 사실은 꽤나 절망스러웠다. 통영에서 여행을 포기해야 하나? 마지막 여정까지 한참 남았는데 여기서 도대체 어떻게 해야 하지? 눈물은 뚝뚝, 멘탈은 바삭바삭.

도산농협정류장에서 울고 있으니 버스를 기다리던 어르신

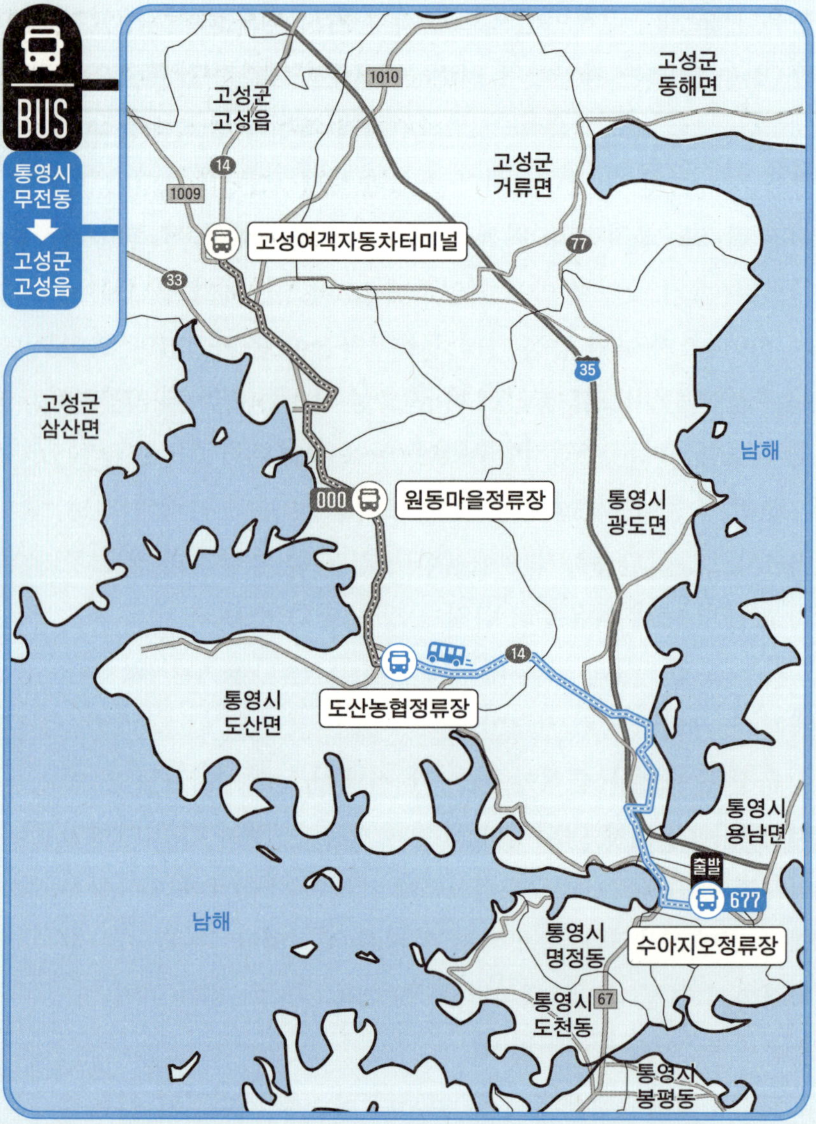
BUS
통영시
무전동
고성군
고성읍
고성군
고성읍
고성군
동해면
고성군
거류면
1010
14
1009
고성여객자동차터미널
77
33
35
고성군
삼산면
남해
000
원동마을정류장
통영시
광도면
14
통영시
도산면
도산농협정류장
통영시
용남면
출발
677
남해
통영시
명정동
수아지오정류장
통영시
도천동
67
통영시
봉평동

들이 왜 그러냐고 사정을 물었다. 나의 상황을 설명하는 과정에서 다시금 쓰라린 실패담의 기억을 복기해야 했기에 더 서러워졌다.

"고성을 가야 하는데 망했어요…(훌쩍)…."

한 할머니가 "그 버스 2분 전에 갔어요."라는 말끝에 고성을 왜 가야 하는지 물었다. 그래서 시내버스 여행 루트를 대강 설명하며 내심 위로를 받으려나 했는데 할머니는 토닥토닥 위로보다는 해결책을 빠르게 제시했다. (아무래도 할머니는 감성적이기보다는 꽤 이성적인 듯 했다. 요즘 유행하는 MBTI 테스트를 하면 높은 확률로 T가 나오지 않을까?)

"아가씨 지금 여행 중 아닙니까? 여행이잖아, 즐겨야지. 여기(도산면)가 구경할 게 있는 동네도 아니고, 고성으로 가는 다음 버스를 기다리기에는 너무 시간 낭비잖아요. 곧 통영 시내로 돌아가는 버스가 오거든? 그걸 타고 일단 다시 (통영)터미널로 가서 어디로 갈지 생각해 봐요. 여행이니까 어디로든 가도 되잖아, 여행이잖아. 어디든 발길 닿는 대로 가도 되고, 정 안되면 다시 생각해 보고 통영에서 하루 놀아도 되잖아. 젊은 사람이…. 뭐든 하면 되는 거야…. 우리도 다 시내 가는 버스를 탈 거거든? 일단 우리랑 같이 버스를 타요. 타면서 생각해."

🚌

아무리 이 여행은 이동이 핵심이라지만, 아주 중요한 걸 놓치고 있었다. 여행, 그 자체를 놓치고 있었던 것이다. 여행은 '여기서 행복할 것'을 줄인 말이라는 이야기도 있지 않은가. 왜 지금 여기서 행복하지 않고 울고 있는 걸까? 낯선 도시의 풍경을 보고 도시와 도시의 연결성에 감탄하던 나는 사라져 있었다. 목적지 역시 중요하지만, 목적지까지 여정을 잇지 못한다 해도 그것 역시 여행이다. 어긋나는 여정 속에서 새로 맞이할 풍경과 만나 즐겼어야 했는데 그 순간을 놓친 나 자신이 부끄러웠고 할머니의 그 말에 정신이 번쩍 들었다. 지금, 이 순간을 놓치면 안 돼.

고개를 드니 통영 시내로 돌아가는 버스가 오고 있었다. 그렇게 낯선 이의 응원에 기운을 얻으며 통영 시내로 다시 돌아왔다. 터미널에서 할머니는 조심히 가라며 손짓했다.

여행은 늘 혼자 다녔다. 하지만 이 여행은 혼자였다면 결코 성공하지 못했을 것이다. 누군가의 따스한 돌봄과 도움이 없었더라면 해내지 못했다. 어디서 또 만날지 모르겠지만, 할머니 그때는 정말 감사했습니다.

진주의 경계에서 만난 할머니
: 70대와 80대를 구별하는 방법

2023년 3월 1차 시내버스 전국일주 3일 차
부산-거제-통영-고성-진주-산청-함양-남원

고성에서 진주로 넘어가려면 '금곡'이라는 지역에서 환승한다. 금곡은 행정구역상으로 진주지만, 고성군과 맞닿아 있으며 진주행 버스를 타는 관문이다. 고성 753번 버스에서 내리자 다음에 탈 진주 390번 버스는 10분 정도 후에 도착할 예정이었다. 나는 진주 시내를 가는 한 할머니와 진주행 버스를 기다렸다. 역시나 할머니가 나에게 먼저 말을 걸었고 정류장은 곧 즉석 인터뷰장으로 변해 온갖 질문 세례가 쏟아졌다.

할머니가 내 나이를 물어서 나 역시 올해 어르신은 연세가 어찌 되시냐고 되물었다. 곧 일흔이 되는 할머니는 일찍 남편

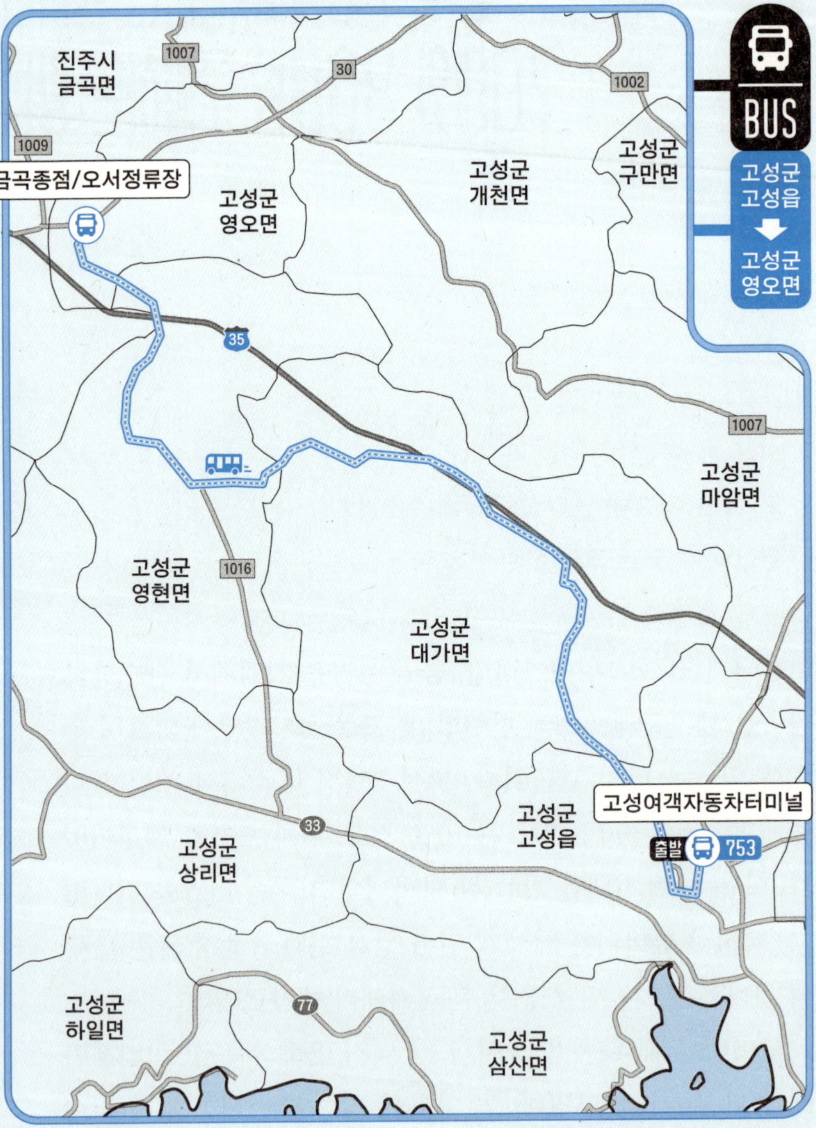

BUS

고성군 고성읍 ▼ 고성군 영오면

금곡종점/오서정류장

진주시 금곡면
고성군 영오면
고성군 개천면
고성군 구만면
고성군 마암면
고성군 영현면
고성군 대가면
고성여객자동차터미널
출발 753
고성군 상리면
고성군 고성읍
고성군 하일면
고성군 삼산면

을 여의고 혼자 사는데 갑자기 어제부터 한쪽 귀가 안 들려 걱정이 되어 병원에 간다면서 젊은 사람들은 건강해서 부럽다는 말을 덧붙였다. 가끔 버스정류장에서 할머니들의 이런 말을 들으면 어떤 반응을 해야 할지 몰라 난처했고, 여행 내내 어르신들의 그 말이 떠올라 마음이 슬펐다. 좀 더 슬펐더라면 같이 부둥켜안고 울었을지도 모른다. 나의 젊음은 내 노력으로 얻은 게 아니고 그들의 나이듦 역시 원해서 얻은 게 아닌데 왜 나는 부러움을 받아야 할까?

작은 도시로 갈수록, 읍내에 학교가 있는 동네가 아닌 이상 젊은 사람을 찾아보기가 힘들다. 왜 일부 지자체 조례에서 청년 나이를 19세부터 39세가 아닌 19세에서 45세로 상향 조정했는지 이해가 갔다. 곧 서른이 되는 나는 이 동네에서 걸어 다니는 아기나 마찬가지였다. 아기한테 질문하는 것? 말 거는 것? 때로는 귀여워하는 것? 이상하지 않다! 나는 여기에서 아기니까.

🚌

할머니는 남편이 없어 외롭고 심심하다고 했다. 물론 동네에 친한 할머니들이 있지만 그 분들은 다 남편이 있으니 저녁에는 각자의 집으로 돌아가 할머니는 저녁이 되면 특히 더 외롭다고 했다. 아무래도 동네에 혼자 사는 또래 할머니가 없어 좀 더 외로움을 타시는 듯했다. 그런 이야기를 들으며 중장년 1인

가구를 위한 정서적 돌봄 정책의 필요성을 느꼈다. 돌봄이 별 거인가? 서로의 이야기에 귀를 기울이며 외로움을 조금이나마 덜어주는 것도 일종의 돌봄이다. 외로울 때는 경로당에 가면 안 되냐고 물었더니 갑자기 심각한 표정으로 가까이 오라면서 목소리를 낮추었다. 그리고 나에게 할머니 나이를 구별하는 방법을 알려 주었다.

"일단 뭔~가 하나 불편해 보이고 잘 안 들리면 80대입니다. 그라고 비교적 허리가 덜 꾸부정하고 읍내 잘 돌아다니는 할머니들은 70대지."

경로당은 80대 정도는 되어야 갈 수 있어 본인은 못 간다고 했다. 처음에는 이해가 가지 않았는데 뒤이어 나온 이야기로 이해할 수 있었다. 70대 할머니들은 80대 할머니들을 만나면 자연스럽게 돌보게 된다고 했다. 거동이 상대적으로 덜 불편한 사람이 더 불편한 사람을 돕는 것이다. 그런데 따지고 보면 70대 할머니들도 보살핌이 필요한 할머니들이다. 그러니 매번 마음 좋게 돕기는 어렵다. 할머니는 이웃과의 만남은 좋지만 또 동시에 힘들기 때문에 경로당에 잘 가지 않는다고 했다. 버스를 기다리는 13분 동안 할머니는 나에게 본인이 남편을 여읜 사실, 외로운 마음, 할머니 나이 구별법을 열심히 전수하고 미련 없이 버스를 타러 가셨다.

할머니에게는 말동무가 필요해 보였다. 이는 중장년 1인 가구뿐 아니라 청년 1인 가구에게도 마찬가지다. 고립 은둔 청년의 존재를 정부 및 지자체에서 의식하기 시작하면서 서울시에서는 고립 은둔 청년을 위한 돌봄정책프로그램을 내놓고 있다. 청년센터와 연계해 돌봄 모임, 심리상담, 원데이 클래스, 동아리 활동 등 동네 사람을 만나고 정서 교류를 할 수 있는 모임 형태의 사업을 추진한다. 하지만 이러한 '마음을 돌보는' 모임은 중장년층 1인 가구에게도 필요하다.

  요즘은 지역별로 노인복지관이나 지역의 사회복지기관을 중심으로 시니어 봉사단, 시니어 일자리 활동 등을 운영한다. 특히 부산 사하구에서는 인공지능 기술을 활용한 AI 안부전화 서비스를 도입해 어르신들의 몸과 마음의 건강을 챙긴다. 하지만 여전히 모든 이에게 손길이 닿지는 못한다. 지금의 정기, 비정기적인 만남뿐 아니라 문화생활을 즐길 수 있는 여건과 원활한 이동 지원, 그리고 몸과 마음의 안부를 물을 수 있는 제도적 지원이 지금보다 더 확충되어야 한 명 한 명의 세세한 마음을 돌볼 수 있을 것이다.

함양에서 만난 승하차도우미
: 주민의 소식통

2023년 5월 2차 시내버스 전국일주 2일차
전주-임실-남원-함양-창녕-마산-창원-김해-부산-울산

함양에 도착하니 버스정류장에 승차하도우미라는 분들이 있었다. 승하차도우미는 이름 그대로 거동이 불편한 어르신들의 버스 승하차를 돕는다. 그뿐 아니라 나 같은 어리바리 외지인에게도 자신들의 역할을 다한다.

내가 이 분들과 마주했을 때는 버스에서 내리자마자 바로 다른 버스로 환승해야 하는 상황이었기 때문에 정신이 없었다. 그때 바로 내 눈앞에 있던 도우미에게 안의로 가는 버스를 물으니 승하차도우미 세 분이 나에게 우루루 모여 들어 안의로 가는 차를 알려 주었다.

승하차도우미는 지금으로부터 약 10여년 전 경상북도 울진에서 처음 시작되었다. 그런 사업이 경상남도 지역에 어떻게 등장하게 되었을까? 그 배경에 주민참여예산제가 있었다. 주민참여예산제는 동네에 필요한 정책, 지원 등을 주민들이 직접 제안하고, 지자체에서 선정하는 방식이다. 경상남도 승하차도우미 사업은 지역 주민참여예산제를 통해 선정된 정책 제안이었다. 2023년에 있었던 경상남도 주민참여예산학교 수업을 들었을 때, 경상남도 통영에서 도서면 노인탑승자 안전도우미 지원사업을 제안해서 통과했다는 것을 알게 되었다. 이후 통영을 시작으로, 함양, 거창 등 어르신이 많이 거주하는 동네에 승하차도우미가 생겼다. 그런데 어르신만 도움을 받을까? 외지인인 나 역시 이 도우미분들 덕에 안의행 버스에 무사히 올랐다.

안의행 버스를 타고 거창으로 넘어갔을 때도 승하차도우미를 만났다. 거창에서 합천 가는 버스를 기다리는 내내 승하차도우미는 정류장에서 버스를 기다리는 어르신들과 담소도 나누고, 몇 번 버스가 어디로 가는지도 친절히 알려 주었다. 아무리 세상이 발전하고 인터넷을 통해 다양한 정보를 접할 수 있다고 하지만, 여전히 인터넷 속 정보를 접하기 어려운 정보 취약계층은 존재하고 그들을 돕는 사람은 반드시 필요하다. 매일 오전 9시부터 12시까지 일하는 거창 버스 승하차도우미는 승하차를 돕는 일뿐 아니라 지역의 소식과 필요한 정보를 전달하는 일종의 소식통이었다.

사람들이 어떠한 사건을 정치적으로 이용하지 말라고 할 때, 혹은 복잡한 정치 따위에는 관심이 없다는 말을 할 때 나는 궁금하다. 우리의 일상과 정치를 어떻게 떼어놓고 생각할 수 있는가? 주민들의 목소리를 들을 수 있는 창구인 주민참여예산제가 없다면, 청소년의 목소리를 듣는 청소년참여기구가 제 역할을 해내지 못하면, 청년의 이야기를 듣는 창구인 청년정책네트워크가 무용지물이라면 사람들은 어디에 목소리를 내야 하는가? 지역의 정책 결정권자가 되는 일은 쉽지 않더라도, 그 지역에서 일상을 영위하는 사람들이 지역 정책을 만드는 일에 어렵지 않게 목소리를 낼 수 있어야 한다.

승하차도우미의 존재는 나의 삶은 물론 우리의 삶과 연결된다. 지속 가능한 도시를 만드는 데는 기술과 건축의 발전처럼 거창한 발전만 필요하지 않다. 가장 중요한 것은 그 도시를 살아가는 사람의 삶이다. 내 삶의 질이 향상되어야 한다. 조금 더 나은 삶을 위해서는 우리를 둘러싼 사회는 물론 그 사회의 규칙을 만드는 정치에도 관심을 가져야 한다. 거창하고 어렵게 정치에 파고들라는 말이 아니다. 일상에서 불편한 것을 발견하면 덜 불편해질 방법을 함께 고민하고, 도움이 되는 방법과 정책, 제도와 아이디어로 바꾸는 일이야말로 정치에 관심을 가지는 첫걸음이라고 생각한다.

   승하차도우미제도는 주민참여예산학교 수업을 통해 알고만 있었을 뿐 실제로는 시내버스 여행을 하며 처음 보았고, 지역주민에게 필요한 일자리와 복지가 동시에 생겼다는 점이 흥미로웠다. 바쁜 여정 탓에 승하차도우미와 자세히 이야기를 나눌 수는 없었다. 그렇지만 이론으로만 보았던 정책이 눈앞에서 실행되고 실제로 주민들이 도움을 받는 모습을 보니 사람들이 세상 돌아가는 일에 관심을 가지고 함께 참여하는 것이야말로 얼마나 중요하고 소중한지를 새삼 깨달았다.

익산에서 마주친 사람들
: 시내버스는 통합사회의 미래를 보여 준다

2023년 5월 2차 시내버스 전국일주 1일 차

서울-수원-안성(안중)-평택-아산-공주-대전-계룡-논산(강경)-

논산-논산(여산)-익산(금마)-익산-전주(삼례)-전주

    2차 전국일주를 하며 익산 금마터미널에서 익산 시내로 들어가기 위해 2200번 버스를 탔다. 금마 지역과 익산 시내를 잇는 2200번 버스는 시내 진입 전 금왕동이라는 동네를 지나는데 버스가 서는 석왕정류장 근처에는 지적장애 특수학교인 전북혜화학교가 있다. 사실 근처라 하기에도 애매하지만, 학교에서부터 석왕정류장까지 걸어서 15분이니 근처라고 하자.

    내가 버스를 탄 시간이 하교시간이라 그런지 석왕정류장에서 학생들이 우루루 버스를 탔다. 집으로 가는 학생들도 있었지만 주변 학생들 대화로 추측하건데 친구들과 시내에서 여가 시간을 보내려 버스를 탄 것 같았다. 그들을 보니 이런 생각이 들었다. 이렇게 가까이에서 장애를 가진 이들과 마주한 적이 있었을까? 마주쳤더라도 내가 인지하지 못하면 그건 마주하지 않은 것과 마찬가지이니 없다고 해야 맞다. 참고로 지금까지 시내버스 여행을 하면서 장애인을 마주한 적은 익산 2200번 버스 외에는 없었다.

1980년대 이전까지 스웨덴에는 특수학교와 특수학급 그리고 장애인복지관이 있었다. 일반학교의 특수학급에서는 장애인과 비장애인의 통합교육을 진행했으나 장애인은 장애인대로, 비장애인은 비장애인대로 모두 본인의 교육권 박탈에 대한 문제를 제기했다. 이를 두고 스웨덴 정부는 장애인복지관이나 특수학교가 있다는 점이 오히려 장애인을 사회로부터 분리시킨다고 판단하고 관련 시설을 전부 없앴다. 처음부터 장애인과 비장애인의 교육을 분리하지 않는 방향으로 결정한 것이다. 이후 스웨덴의 학교는 '모두'가 참여할 수 있는 통합교육의 형태로 교육과정을 운영하기 시작했다. 물론 어느 날 갑자기 이렇게 변화하지는 않았다. 스웨덴의 시민단체들이 장애인도 사회에서 분리되지 않고 함께 나아가자며 통합교육에 대한 목소리를 낸 것이 그 시작이었고, 정부가 이 목소리에 응해 관련 시설을 없앴

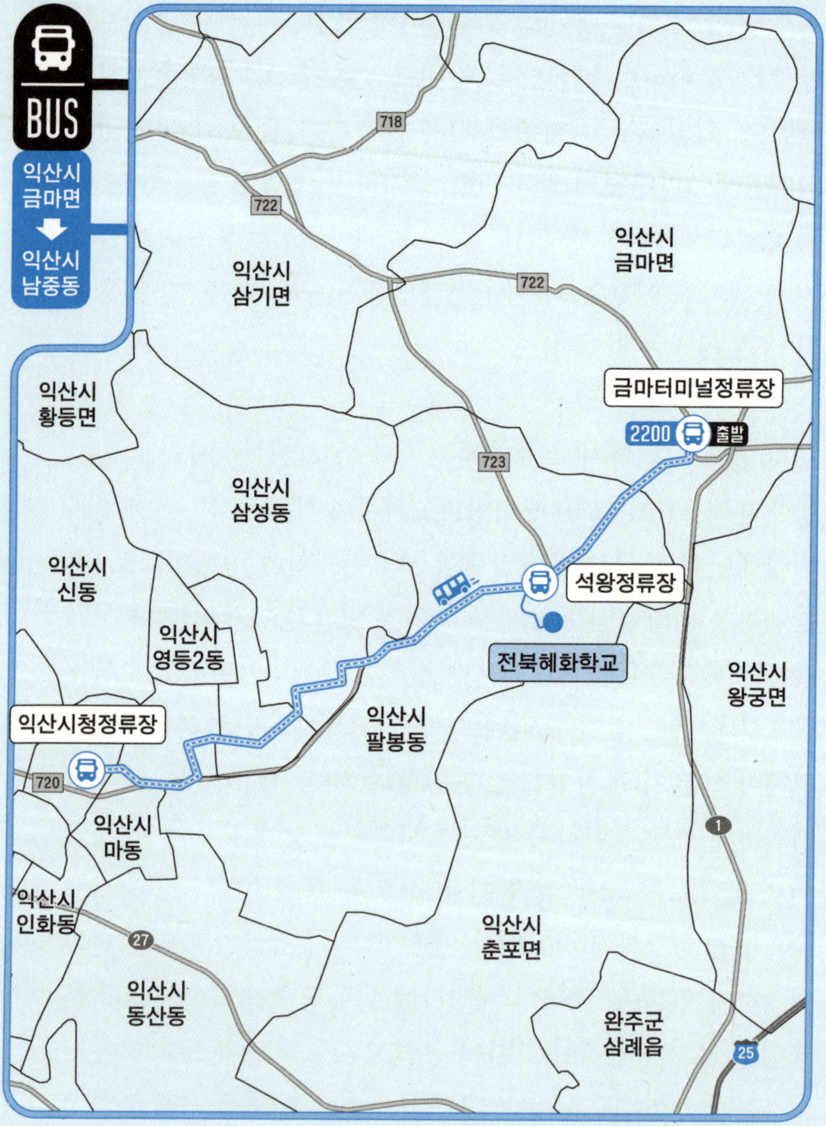
BUS
익산시
금마면
익산시
남중동
718
722
722
723
720
27
1
25
익산시
금마면
익산시
삼기면
익산시
황등면
금마터미널정류장
2200
출발
익산시
삼성동
익산시
신동
석왕정류장
익산시
영등2동
전북혜화학교
익산시
왕궁면
익산시청정류장
익산시
팔봉동
익산시
마동
익산시
인화동
익산시
춘포면
익산시
동산동
완주군
삼례읍

다. 참고로 현재 스웨덴의 중증장애인 시설은 여전히 존재하지만, 그룹홈이라는 쉐어하우스 형태로 운영하며 활동보조지도사는 장애인이 원하는 주간 시간대에 근무하면서 중증장애인의 생활을 보조한다.

버스를 타고 이 동네 저 동네 구경 다니다 보면 전북혜화학교와 같은 특수학교나 요양시설은 시내보다는 외곽 지역에 자리하고 있는 모습을 많이 목격한다. 그때마다 위치가 더욱 그들의 삶을 사회로부터 분리한다는 생각이 든다. 특수학교를 새로 지을 때마다 해당 지역 주민과 대치하고 갈등을 빚던 뉴스들이 문득 머릿속을 스친다.

장애인의 권리를 위해 그들을 특수학교라는 별도의 공간으로 분리하기보다 지속적으로 사회에서 함께 할 수 있도록 시스템이 갖추어져야 한다고 생각한다. 물론 대상별 맞춤 교육은 필요하지만, 앞으로도 꾸준히 공간과 환경을 이렇게 철저히 분리해야 하는지에 관해서는 고민해야 한다. 장애, 비장애의 구분을 넘어 모두 함께 사회 속에 섞여 살아가야 무엇을 개선해야 다 함께, 더 즐겁게 살아갈 수 있는지 알 수 있기 때문이다.

세계시민교육의 매력은 다양한 분야와 국경 너머의 이슈에도 관심을 가지고 공부해야 한다는 것이다. 국제사회의 젠더갈등 이슈를 공부하면서 자연스럽게 성교육에도 관심을 가지게 되었다. 세계시민교육 강사가 바라보는 성교육이란 나와 우리의 몸을 이해하는 과정 가운데 이 세상에서 함께 살아가는 한 사람 한 사람이 모두 저마다 다르다는 점을 인식하고 그 다양성을 이해하는 교육이다. 그렇다면 어떻게 하면 '우리'는 서로를 이해할 수 있을까?

성교육 가운데 '경계존중'이라는 주제의 수업을 의뢰받으면 나는 적극적 합의에 기반해 수업을 구상한다. 적극적 합의란 영어의 'Affirmative Consent'라는 개념을 한국성폭력상담소가 번역한 용어로, 연인 사이의 스킨십 및 성관계 시 서로 인지하고 실천해야 할 상호적 성적 행위의 기준을 뜻한다. 여기서 말하는 '연인 간 스킨십 및 성관계'의 범위를 넓히면, 전반적인 인간관계에서 서로 지켜야 할 약속으로 확장해 이야기할 수 있다. 이 경계존중 수업에서 내가 강조하는 점은 딱 세 가지다. 스킨십을 하는 매 순간 상대방의 동의를 구해야 하고, 그 상대방은 충분히 거절할 수 있으며, 거절한다고 해서 상처받지 않아야 한다.

나는 적극적 합의를 가르치면서 우리 모두 다양성을 존중해야 한다는 메시지를 학생들에게 던진다. 개인마다 느끼는 스킨십의 범위가 다르다는 사실을 인지하면 서로 간의 경계선을 알 수 있다. 나아가 이를 통해 우리는 모두 다른 존재라는 당연한 사실을 인지하기 시작하면 서로 다른 다양한 사람이 함께 살아가는 사회를 바라볼 수 있다. 다름을 인지하는 과정은 당연해 보이지만, 그 경계선을 '잘' 지키기란 쉽지 않다. 그렇기 때문에 경계존중 교육을 통해 다양성 존중을 이야기하고, 또 실천하자고 제시한다.

다양성 존중을 이해하면 사람들의 시야가 어떻게 트일까? 만일 통합학교나 통합학급에서 장애인과 함께 학교생활을 했거나 할 때 스스로 양심의 가책을 느끼면서 무언가 알 수 없는 불편함도 동시에 느꼈다면 그건 그 장애인 당사자가 불편을 준 것이 아니다. 학교에서의 교육 과정과 환경이 비장애인에게만 맞추어져 있기 때문에 불편했을 것이다. 많은 사회 환경은 비장애인 중심으로 설계되어 있고, 교육 과정 역시 비장애인 중심으로 만들어져 있다.

불편함을 인식하는 일은 불편함이라는 현상을 넘어 서로의 다름을 인지하는 출발점이 될 수 있다는 긍정적인 면이 있다. 나의 일상에서 위와 같은 불편함을 느끼고, 문제의식을 가지면 그것이 바로 다양성 존중의 시작점이 된다. 학교에서, 동네에서, 일상에서 계속해서 불편함, 문제점, 의문, 질문, 물음표가 떠오르는 세상이 되어야 하며, 그 물음표가 모여 사람들은 변화를 만들 수 있다. 다양한 사람이 산다는 것을 이해하는 것으로 버스에서 더 많은 장애인과 마주할 수 있으며 나아가 다양성을 존중받는 사회도 그릴 수 있지 않을까 생각한다.

장애인을 일상에서 자연스럽게 보지 못하는 한국사회에도 세상과 장애인을 연결하는 기업들이 있다. 느린학습자를 위해 쉬운 글과 책을 제작하고 또 교육하는 '피치마켓', 발달장애인 당사자가 읽을 수 있는 쉬운 말 웹사이트와 쉬운 책 시리즈를 제작하는 '소소한소통'이 그러하다. 이러한 기업들 덕분에 장애인과 세상이 소통하는 연결고리는 더 넓어진다. 그렇지만 그 전에 우리 사회에서 장애인을 마주치는 일이 많아져야 한다.

버스에서 더 많은 사람을 만나고 싶다. 휠체어를 타는 장애인, 발달장애인, 지체장애인, 시각장애인, 청각장애인, 어린이, 청소년, 노인, 임산부, 외국인, 사람, 사람, 그리고 사람…(비인간동물도!).

충주에서 만난 할머니
: 손녀가 매주 충주로 달려가는 이유

> 2023년 5월 2차 시내버스 전국일주 4일 차
>
> 울진(부구)-삼척(호산)-태백-태백(상동)-영월(녹전)-영월-
>
> 영월(쌍용)-제천-제천(백운)-충주-음성(감곡)-(걸어서 이동)-
>
> 이천(장호원)-이천-서울

2차 전국일주 동선에 있던 제천과 충주는 '백운'이라는 동네에서 버스 노선이 이어진다. 이 백운정류장에서 충주 시내로 가는 336번 버스를 탔다.

기사님이 어딜 가냐고 물어서 내릴 정류장 이름을 말하며 자연스럽게 시내버스 전국일주 이야기를 했다. 그러자 젊은 사람이 멋있는 여행을 한다고 칭찬을 받아 기분이 좋았다. 이야기를 나누던 중 한 할머니가 버스에 올랐다. 할머니는 뭐 그

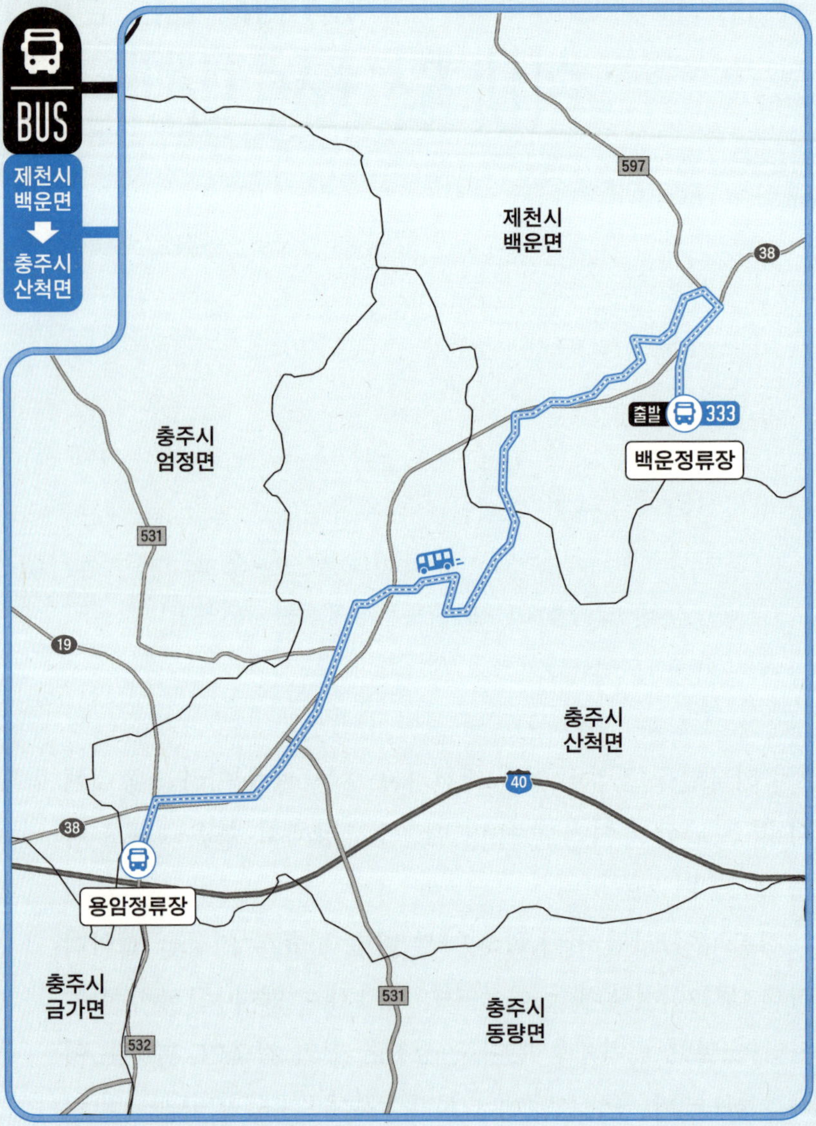
BUS
제천시
백운면
충주시
산척면
597
제천시
백운면
38
출발
333
백운정류장
충주시
엄정면
531
19
충주시
산척면
40
38
용암정류장
충주시
금가면
531
532
충주시
동량면

리 재미있는 이야기를 하느냐 물어서 기사님이 나의 영웅담 같은(?) 시내버스 여행기를 대신 이야기했다. 그러자 할머니는 내 나이를 묻더니 나와 동갑인 손녀가 있다고 했다. 손녀도 서울에 사는데, 이름만 들으면 다 아는 대기업에 합격해 열심히 돈도 벌고 경력도 쌓고 있다며 한동안 손녀 자랑을 늘어놓았다. 손녀는 종종 주말에 혼자 혹은 친구와 충주 할머니 댁에서 자고 가는데 부모님이 있는 본가는 안 가고 유독 충주는 자주 온다면서 그 속을 모르겠다고 했다.

그런데 나는 손녀가 왜 자주 할머니 댁에 가는지 알 듯했다. 삶이 아무리 힘들어도 부모님에게는 이상하게 힘들다는 이야기를 하기 어렵다. 부모님이 날 걱정하는 모습을 보고 싶지 않고, 부모님에게 나의 삶이 힘들다는 걸 들키고 싶지 않다. 부모님은 영원히 내 자식이 걱정 없이 행복하게 잘 지낸다고 생각하셨으면 싶다. 그 손녀도 왠지 나와 비슷한 마음이지 않을까 생각이 들었다. 사람이 힘들고 지칠 때는 어디든 떠나고 싶어진다. 그 손녀는 그런 울적한 마음이 들 때마다 할머니 댁을 찾았던 것 아닐까?

힘들 때 찾아갈 곳이 있다는 건 얼마나 좋은가? 나의 할머니들은 내 삶이 힘든지 어떤지 묻지 않는다. 그저 가면 맛있는 걸 잔뜩 해줄 뿐이다. 뭘 해도 이쁘다고 한다. 뭘 해도 잘하고 있다고 한다. 뭘 해도 멋있다고 한다. 아무것도 없는 나에게 무한

한 사랑을 주는 할머니야말로 내 삶의 든든한 빽이다. 충주 할머니와 수다 떠는 내내 마산에 계신 우리 할머니 두 분이 너무나도 보고 싶었다. 결혼은 최대한 늦게 하고(결혼을 하지 말라는 소리는 안 한다), 하고 싶은 건 마음껏 하면서 살아야 한다고 하는 할머니들 덕분에 남들처럼 대기업, 정규직과 같은 타이틀은 가지지 못 했어도 내가 못났다고 생각하지 않고 살고 있다.

  충주 할머니는 집에 가면 손녀가 와 있을 거라고 했다. 손녀는 손녀대로, 할머니는 할머니대로 서로의 존재가 든든한 빽이 되어 행복한 주말을 보낼 것이다.

3부

5분의 4의 사람들이 사는 곳

전북과 경남의
경계를 허무는 지리산

전라북도 남원에서 경상남도 함양으로 여정을 이어가고 있었다. 남원 인월에 있을 때는 전라도 사투리와 경상도 사투리가 묘하게 섞인 말씨가 들리더니, 함양에 도착하자마자 바로 경상도 사투리만 들렸다.

  시내버스 여행을 하며 전라도와 경상도를 잇는 지리산권 동네들인 남원, 구례, 하동, 산청, 함양을 알게 되었다. 버덕들의 시내버스 여행 중 자주 등장하는 버스 노선이 바로 함양-인월(남원) 간 이동이다. 그러니 '지리산'이야말로 전라권과 경상권을 잇는 상징이지 않을까? 경상남도 지역에서도 지리산권 동네에 속하는 하동, 산청, 함양 등 서부 지역은 상대적으로 인구가 많은 동부 지역과 비교하면 정부 지원 등에서 소외되어 있다 보니, 그 지역들끼리 공동체를 이루고 있는 듯했다.

지난 2022년, 사회문제 해결을 위한 플랫폼 협동조합 빠띠에서 청년성평등프로젝트인 '그럼에도 우리는' 사업보고회 행사를 열었다. 거기에서 '담롱'이라는 단체를 알게 되었다. 담롱은 다큐멘터리 형태로 다양한 사람의 모습과 이야기를 담는 유튜브 채널로, 그들의 다큐멘터리 시리즈 중 지리산에서 열린 퀴어 퍼레이드 다큐멘터리 영상을 보았다. 이 축제를 만든 산내 성다양성 축제 기획단 코딱지는 퀴어 퍼레이드라는 용어가 지역 주민들에게 생소할 듯해 축제 이름을 '성다양성 축제'라고 지었다고 했다. 지역 특성을 고려한 축제명만으로도 그들의 배려심이 얼마나 깊은지 짐작할 수 있다.

청년이 많지 않은 지역은 중장년층에 맞춘 정책 및 관련 지원 사업이 더 많은 편이다. 그래서 상대적으로 청소년과 청년은 소외되기 쉬운데, 문화 향유 공간이 절대적으로 부족한 산청군 청소년을 위해 청소년 자치 공간인 명왕성*을 만든 어른들도 있고, 산청 원지면에는 지역 농작물과 수공예품 등을 판매하고 물물교환하는 자율 장터인 '목화장터'를 주기적으로 여는 사람들도 있다.

* 지리산 마을 산청의 명왕성에는 청소년이 있다 : 김한범 명왕성 코디네이터 (2023.07.12, 오마이TV 유튜브)

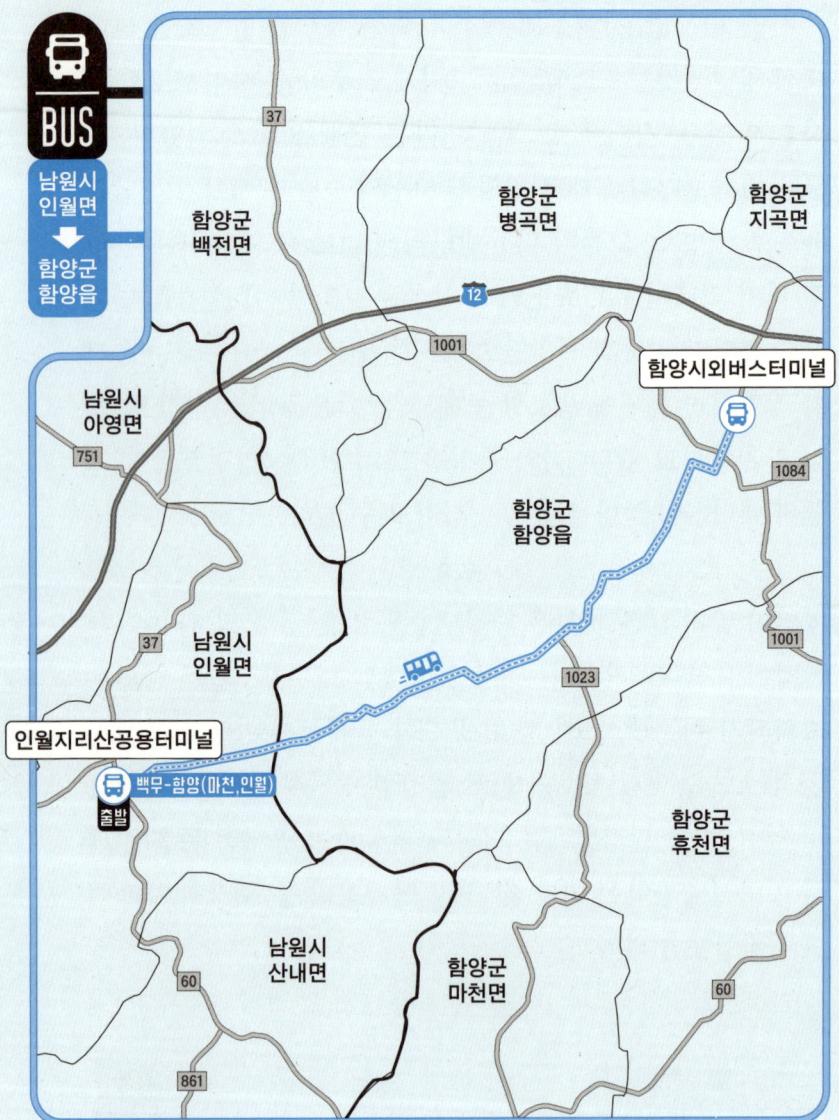

현재 산청군은 인구 소멸 지역 중 한 곳이자 경상남도 지역 열한 개 도시 중 유일하게 인구 유입이 조금씩 증가하고 있는 곳이다.* 2023년 3월 한 달 동안 열 명이 산청으로 주소지를 옮겼는데 이는 결코 적은 숫자가 아니다. 꼭 산청이 아니어도 지리산권 동네의 이런 크고 작은 움직임 때문인지 아름다운재단은 사회적 협동조합인 지리산이음과 함께 '지리산 작은변화 지원센터'를 설립해 지리산권 다섯 개 권역 주민을 하나의 커다랗고 느슨한 공동체로 만들어 지역 변화 사업을 진행한다.

　지리산권 동네가 궁금하다면 함양에서 한 달 동안 살아보는 것도 좋다. 함양에는 한달살이 프로그램으로 '고마워 할매'라는 프로젝트를 이끄는 단체 '숲속언니들'이 있다. 이 프로그램은 농촌체험, 단기살이, 세대 간 소통 등으로 구성되어 있다. 2023년에는 함양에 사는 어르신들의 손두부 제조 비법을 전수 받아 집에서도 만들 수 있는 손두부 키트를 펀딩 형태로 판매하기도 했다. 또 그해 가을에는 서울 성수동에 팝업 스토어를 열어 그간의 성과도 공유하고 다양한 굿즈도 판매했다.

　이처럼 이 지리산권 동네들은 꽤나 흥미롭다. 남원의 인월 지역에서는 분명히 전라도 사투리가 들렸는데 함양으로 넘어오자 경상도 사투리로 바뀌는 게 얼마나 신기하던지. 지역을

*「산청군, 올해만 인구 153명 늘었다」, 경남일보 2023.5.3

행정구역과 더불어 사투리(?)로 구분 지어도 이상하지 않을 법한 다섯 개의 도시가 지리산이라는 공통점으로 서로 연대하며 살아가고 있어 흥미로웠다.

🚌

시내버스 노선 자료조사를 하다가 인구 소멸에 대한 산청 주민의 인터뷰를 보았다. 국가의 통계 기준으로 인구 소멸 지역을 지정하기다보다 지역에서 얼마나 공동체를 이루고 함께 돌보며 살아가는지에 관심을 가질 필요가 있다고 지적했다. 인구가 한 명 늘고 열 명 줄어들었다는 등 수치에만 연연하기보다 함께 사는 주민끼리의 돌봄이 활성화되는 일이 더 중요하지 않을까? 마을 공동체 활성화는 곧 공동체 구성원 사이의 돌봄으로 이어진다. 이는 누구도 소외되지 않는 사회, 모두를 포용할 수 있는 사회로 가는 길이다. UN의 지속가능발전목표 중 11번은 '지속 가능한 도시와 지역사회 공동체'다. 세계시민교육에서 내가 중요히 여기는 메시지는 바로 '지구에 사는 우리는 모두 공동체로서 연결되어 있고, 서로의 눈을 바라보며 경청하는 자세로 다양성을 이해해야 한다'는 것이다. 다양성을 존중받고 돌봄의 사회화로 가는 지리산권 동네에 조금 더 애정이 가고 궁금해졌다.

탄소 배출이 가장 많은 도시에 사는 이의 이상한 반성과 실천

세계시민교육은 환경, 인권, 불평등 등 다양한 이야기를 다룰 수 있는 교육이지만, 요즘 교육 현장에서 선호하는 세부 주제는 환경이다.

세계 축산업에서 발생하는 온실가스가 전체 온실가스 발생률의 18퍼센트를 차지한다고 한다. 개인이 기후 변화에 대응해 온실가스 발생을 줄이는 데 조금이라도 도움이 되는 일이 무엇일지 생각했을 때 가장 간편한 방법으로는 채식 한끼를 들 수 있다. 세계시민교육 강사로 일하는 나도 플라스틱 사용과 육류 섭취를 줄이는 노력을 조금씩 실천하고 있다. 이렇게 말하면 굉장히 거창하고 멋져 보일지 모르지만, 실상은 그저 집 근처 샐러드 가게나 샌드위치 가게에서 야채 샐러드를 먹는 정도다. 그런데 제대로 된 끼니는커녕 물 한 모금 마시기 어려운 시내버스 여행에서 일명 '비건 식당' 찾는 일은 그야말로 사치다. 일주일에 한 번은 꼭 채식을 해야 한다는 이 결심을 지키기가 참 어려웠다. 그때 내 눈에 들어온 곳은 바로 동네마다 있는 햄버거 패스트푸드 체인점 롯데리아였다.

청양에서 세계시민교육 수업을 할 때다. 참여자들과 탄소 중립 실천 관련 게임 활동을 했다. 활동 도중 육류를 덜 먹으면 탄소 배출이 덜 된다고 하니 한 참여자가 '선생님은 채식을 하나요?' 하고 물어보았다. 나는 적어도 일주일에 하루는 채식을 한다고 대답했다.

"그러면 채식할 때 뭐 먹어요? 풀만 먹어요?"

"그럴 리가요! 김밥천국에 가서 계란 없는 야채 비빔밥을 먹을 수도 있고요, 종종 롯데리아에서 파는 비건 버거인 리아 버거 세트를 먹을 수도 있지요!"

난데없는 햄버거 이야기에 갑자기 참여자들이 환하게 웃었다. 그 웃음은 무슨 의미였을까? 알고 보니 채식 별거 아니구나, 하는 이런 의미였을까? 채식을 하려면 롯데리아로 가자고 생각했을까?

주 1회 채식을 하자는 다짐은 서울에 살면 어렵지 않다. 하지만 지방에서는 이 결심을 지키기 쉽지 않다. 청양 읍내는 서울보다 식당이 많지 않다. 음식에 대한 선택지가 없는 지역 사

람들에게 '우리는 탄소 중립을 위해 채식을 실천해야 합니다'라고 주장하기는 참으로 민망하다. 그리고 분명 청양군의 탄소 배출은 수도권에 비하면 적을 것이다. 그러니 서울에 사는 나부터 반성하고 실천해야 한다.

세계시민은 나부터 생각하고, 공유하고, 행동해야 한다.* 이 '행동'하는 구체적 방법이 복잡하고 어려우면 참여자는 세계시민으로서의 행동에 관심을 가지지 않는다. 나의 일상에서 세계시민으로 행동하고 실천할 방법이 무엇인지 함께 생각하고 공유하는 일이 강사로서 내가 해야 할 일이다. 위의 질문을 받았을 때 청양군에 없는 샌드위치 프랜차이즈 서브웨이를 예시로 들기보다는, 읍내에 있으면서도 청소년 참여자가 좋아할 만한 롯데리아 햄버거를 예시로 들어야 배운 것을 실천하기에 거부감이 없겠다고 생각했다.

시내버스 여행 내내 롯데리아가 보이면 그렇게 반가웠다. 맛있는 음식을 먹으면서 간편하게 탄소 중립 실천하기, 그러면서 동시에 죄책감 덜기. 생각보다 어렵지 않다.

---

* 유네스코 아시아태평양 국제이해교육원 세계시민 체험관 소개 영상에서 강조하는 메시지

지역 청소년은
이제 뭐 하고 놀까?

영월에서 태백으로 넘어가기 위해 주천정류장에서 버스를 기다리는데 정류장 근처 길가에 영월군 청소년방과후아카데미 원생 모집 안내 현수막이 걸려 있었다. 앞서 이야기했듯이 농어촌지역은 같은 지역이라도 서로 다른 동네를 오가기 어려운데 영월군 청소년방과후아카데미는 저녁 식사도 해결할 수 있고 귀가 버스도 제공되었다. 청양군의 청소년방과후아카데미도 방과 후 두 시간 동안 체험 활동이나 교과 외 수업을 듣고 저녁을 먹은 후 셔틀버스로 귀가하는 형태였다. 지자체별로 방과후아카데미를 운영하는 방식은 조금씩 다르지만 보통 이와 같은 형태로 운영된다. 신청 인원이 많으면 사회배려계층 가정의 청소년이 우선순위로 선발되는데 영월군의 경우 우선 선발 대상에 대한 내용은 나와 있지 않았다.

중소도시 농어촌지역의 청소년센터는 그 지역 청소년들의 커다란 놀이터이자 문화를 향유할 수 있는 몇 안 되는 공간이다. 특히 청소년센터에서 운영하는 청소년방과후아카데미 사업은 방과 후 돌봄이 필요한 초등학교 4학년에서 중학교 3학년까지 청소년의 자립역량을 개발하고 건강한 성장을 지원하고자 방과후 학습지원, 전문체험 활동, 학습 프로그램, 생활지원 등 종합 서비스를 제공하는 국가정책지원 사업이다. 따라서 돌봄이라는 관점에서도 청소년센터의 존재는 지역 청소년과 주민들에게 반드시 필요하다. 이 청소년 사업의 담당부처는 여성가족부인데 윤석열 전 정부 당시 여성가족부 폐지라는 공약을 내걸었고 여성가족부의 예산을 대규모로 삭감했다. 2024년을 기

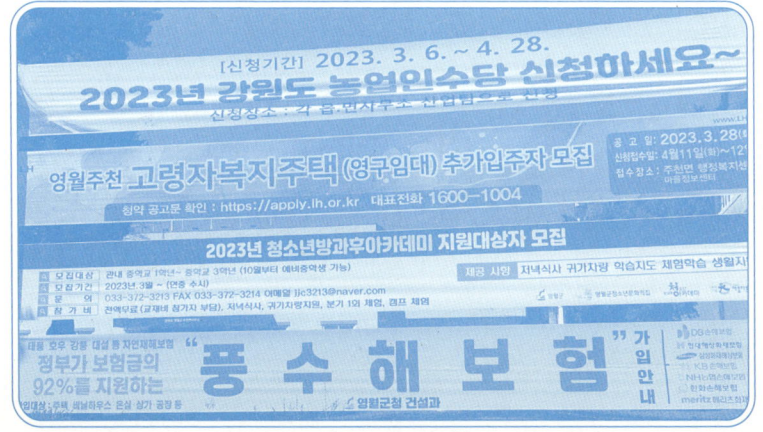

준으로 주요 청소년 사업 100여개 중 중단되는 사업이 60개다. 글을 쓰면서 자료조사를 하던 중 앞서 이야기한 청소년어울림마당 사업 예산이 전액 삭감되었다는 뉴스를 접했다. 이 사업은 중단되는 사업 60개 중 하나였다.

지역의 청소년어울림마당은 그야말로 동네잔치다. 수도권이나 대도시에 비해 문화생활을 즐기기도 참여하기도 어려운 지역 청소년에게 청소년어울림마당은 문화생활의 장이자 다양한 사람과 교류할 수 있는 좋은 기회다. 학창시절 안산에 살 때는 청소년어울림마당이 아니어도 놀 거리가 많았고 여차하면 지하철을 타고 서울로 놀러 갔으니 고등학생 때까지는 안산에서 어울림마당 행사를 하는 줄도 몰랐다. 하지만 지방 중소도시의 청소년어울림마당은 지역 청소년에게 매우 중요한 문화생활의 장이자 지역 주민에게도 즐거움을 주는 '동네잔치'였다. 지역 청소년의 축제 참여도와 열정에는 수치와 통계로는 절대로 드러나지 않는 뜨거움이 있었다. 그런 사업이 사라졌다니 앞으로 지역 청소년센터는 이 사업을 어떻게 이어나갈까?

학교라는 교육기관이 엄연히 존재하는데 청소년센터는 어떤 쓸모가 있는지 묻는 사람도 있다. 우선 교육부의 주 수요층은 학생이고 여성가족부의 주 수요층은 청소년이다. 그리고 학생과 청소년은 엄연히 다른 개념이다. 청소년이 아니어도 학교에 다니면 학생이 될 수 있지만, 학교에 다니지 않는 10대는 청소년은 맞아도 학생은 아니다. 그리고 학교는 교육기관이지 돌봄을 제공하는 사회복지기관이 아니다. 정부는 늘봄학교 예산을 추가로 늘리고 신청 대상도 초등학교 전교생으로 늘리는 등 노력하고 있다. 그러나 실질적인 늘봄학교 관련 인력인 기간제 교사 및 프로그램 담당 강사에 대한 처우를 보면 단순히 돌봄을 외주화하는 것으로밖에 보이지 않는다. 2019년에 초등학교 방과후수업의 중국어 강사로 일했을 때 강사비는 90분 기준 시간 당 5만 원이었다. 그런데 2024년 지금도 여전히 60분 기준 시간 당 4만 원이다. 교육에 있어 최소한의 급여는 최소한의 질만 보장할 뿐이다.

청소년센터의 예산 축소는 청소년 당사자에게 어떤 영향을 미칠까? 산청의 어른들이 산청의 청소년을 위해 설립한 명왕성과 같은 곳을 기대하기에는 공공의 지원이 너무나 절실하다.

    영월 청소년들은 충분히 잘 놀고 있을까? 청소년방과후아카데미 현수막을 보면서 얼굴도 모르는 그들의 삶을 들여다보았다.

잠시 머무는 자의 자세

대한민국 국민이라면 대부분 사용하는 메신저 서비스 카카오톡은 눈이 오는 날 채팅방에도 눈 내리는 효과를 보여 준다. 이 효과는 꽤 낭만적이고 귀엽기까지 하다. 지금까지 나는 그 눈 내리는 효과가 나의 위치기반 서비스를 바탕으로 나타나는 줄 알았다. 그런데 아니었다. 카카오톡 채팅창의 눈은 서울에서 눈이 내릴 때만 작동해 눈 하나 내리지 않는 부산 친구의 카카오톡 채팅창에도 눈이 내렸다. 지역 사람들은 언제 서울에 눈이 오는지 실시간으로 알 수 있지만, 서울 사람들은 다른 지역에 언제 눈이 오는지 실시간으로 알기 어렵다. 대한민국이라는 세상의 중심은 서울에 맞추어져 있다.

🚐

시내버스 여행을 하면 늘 아름답고 좋은 풍경만 눈에 들어오지

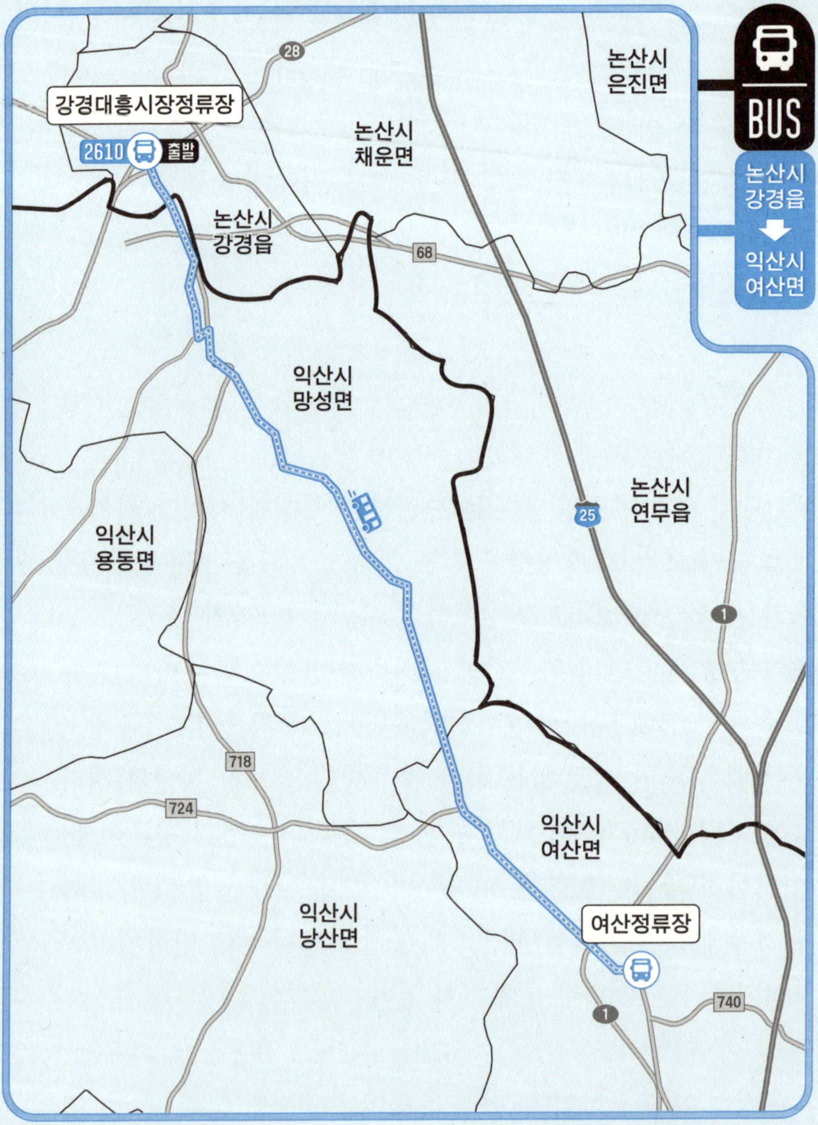
BUS
논산시 강경읍
익산시 여산면
강경대흥시장정류장
2610
출발
28
논산시 채운면
논산시 은진면
논산시 강경읍
68
익산시 망성면
논산시 연무읍
25
익산시 용동면
1
718
724
익산시 여산면
익산시 낭산면
여산정류장
1
740

는 않는다. 지역 갈등의 내용이 담긴 현수막도 심심찮게 발견한다. 여수를 여행할 때는 '여수시는 관광개발 중단하고 교통문제 해결하라'는 현수막을, 양평과 원주를 지날 때는 '무조건 외국인 불법체류자를 내쫓지 말아라, 농촌 지역 일손 모자란다'라는 현수막을 보았다.

여수 돌산 지역은 여수시의 무리한 관광 개발로 이미 교통이 마비되고 환경문제가 심각한데도 거주민의 의견은 듣는 일 없이 큰 기업과 관광 개발 양해각서(MOU)를 맺고 개발을 시행하려 해 마찰을 빚고 있었다. 여수에 놀러 오는 사람들이 얼마나 이 현수막을 볼지는 모르겠지만, 적어도 나는 보았다. 뉴스에는 서울 이야기는 자주 나와도 지역의 갈등과 이슈는 그 지역을 벗어나면 접하기 어렵다. 부끄럽지만 여수 돌산에 이런 이슈가 있는지 몰랐다. 그러한 무지를 깨닫자 아무 생각 없이 여수에 관광하러 온 게 부끄러워졌다.

반면 농촌 일손 부족에 대한 현수막을 볼 때는 착잡해진다. 도대체 같은 일을 하는데 왜 외국인 노동자의 임금은 당연히 적어야 할까? 이는 단순히 외국인 노동자에게 임금을 적게 지급하는 업주들을 비난한다고 해결되지 않는 아주 민감한 문제라서 한낱 외지인에 지나지 않는 내가 섣불리 나서서 이야기하기 어려운 부분도 있다.(이 복잡성에 대해서는 우춘희 이주인권 활동가가 쓴 책 『깻잎 투쟁기』에 잘 나와 있다).

🚌

논산 강경읍을 지날 때 유독 버스정류장과 동네 곳곳에서 자살 예방 관련 복지서비스를 홍보하는 현수막과 광고를 보았다. 신문 기사를 찾아보니 2020년 기준 충청남도에서는 인구 10만 명당 27.9명이 자살하며, 더불어 65세 이상 노인 자살률이 타 지자체보다 높다고 한다. 이러한 자살 예방 관련 현수막은 비단 논산에서만 볼 수 있는 것은 아니다. 삼척을 지날 때도, 김해를 지날 때도 비슷한 현수막이 눈에 들어왔다. 수도권 지역에서보다 지방에서 자살예방 문구가 더 자주 보이는 이유는 노인 자살률 문제를 통해 이해할 수 있다. 수도권보다 지방에 거주하는 노인의 비율이 더 높은데도 정신의학과를 비롯한 의료기관은 대도시에 몰려 있으니 조기에 이 문제를 예방하기 어려운 것이다. 어쩌면 지역의 인구 정책은 '늘리는' 방법과 더불어 '더 사라지지 않는' 방법을 같이 모색해야 할지 모른다.

🚌

시내버스 여행을 하다보면, 나는 그곳 주민의 일상을 유흥과 관광으로만 단편적으로 소비하는 듯해 늘 조심스럽다. 바쁘고 복잡한 출퇴근길에 내가 버스를 타는 일조차 주민들의 일상에 방해가 되지 않는지 생각한다. 그런 여행객으로서의 빚을 지고 있어 이 책에 조금이라도 지역의 이야기를 담아야겠다 생각했다. 물론 수도권에 오래 산 사람의 시혜적 태도로 보일 수도 있지만, 조금이라도 그들의 목소리에 눈을 마주치고 귀를 기울이고 싶다.

다양한 언어가 공존하는 한국

울산 모화역버스정류장에서 경주 600번 버스를 기다리고 있었다. 문득 정류장에 붙어 있는 안내 문구가 눈에 들어왔다. 러시아어와 베트남어로 '만' 정류장 내 흡연 금지 문구가 적혀 있었다. 경주시는 경상북도에서 두 번째로 외국인이 많이 거주하는 도시다. 그래서일까? 경상북도 외국인근로자지원센터도 경주 시내에 있다. 경주 안강지역에 공단이 있어 안강공단으로 통근하는 외국인 노동자가 많으며 경주 성건동에는 고려인과 조선족 등 재외동포들이 밀집해 살고 있다고 한다. 그래서인지 경주시 외국인도움센터도 성건동에 자리 잡고 있다.

외국인은 도시 전역에 걸쳐 살지 않는다. 유독 특정 '동네'에 산다. 여기에는 몇 가지 특징이 있는데 구도심이거나, 공장지대와 가깝거나, 집값이 싼 곳이라는 점이다. 2022년의 한 신

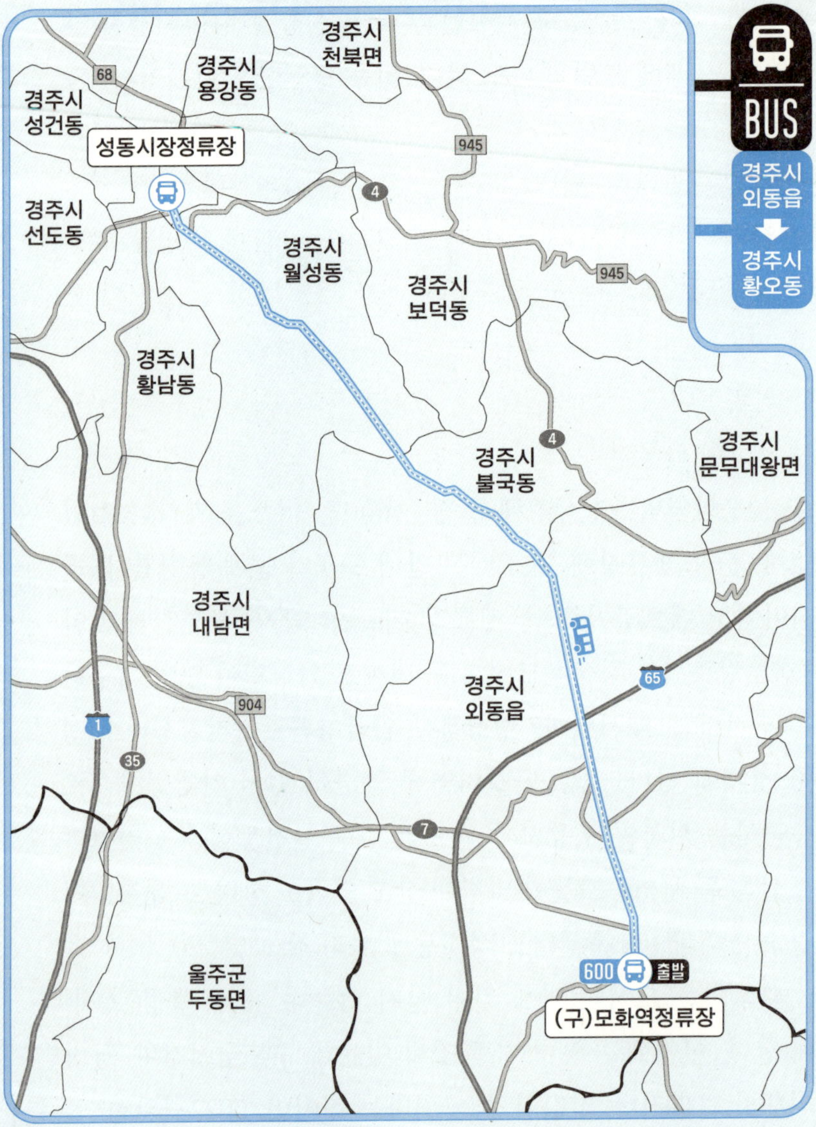

BUS
경주시 외동읍
경주시 황오동
경주시 천북면
경주시 용강동
경주시 성건동
68
성동시장정류장
945
4
경주시 선도동
경주시 월성동
경주시 보덕동
945
경주시 황남동
4
경주시 불국동
경주시 문무대왕면
경주시 내남면
65
경주시 외동읍
904
1
35
7
600
출발
울주군 두동면
(구)모화역정류장

문 기사에 따르면 경주에 사는 외국인은 공장지대와 멀지 않은 외곽 동네에 모여 산다고 한다. 너무 당연한 이야기인가? 당연하다. 그리고 당연하지 않다. 이미 많은 이주민이 우리 사회 속에 살고 있다. 그런데 동시에 외국인은 나의 일상에 잘 보이지 않는다. 다문화특구라 불리는 경기도 안산에 20년을 살았지만, 외국인은 일부러 원곡동에 가지 않는 이상 잘 보지 못했다. 이들은 자꾸만 서울에서 멀리, 자꾸만 소도시로 멀리, 자꾸만 외곽동네로 멀리 치워진다. 그렇기에 아무리 인구 80만 도시 안산에 외국인 등록 인구가 8만을 넘어도 그들을 볼 수 없으며, 경주 인구 25만 명 중 1만 명 이상이 외국인인데도 좀처럼 쉽게, 자주 보기 어렵다. 외국인의 거주비율을 보면 사회 속에 섞여 살아야 하는데 이들이 보이지 않는다는 건 어딘가에 숨어

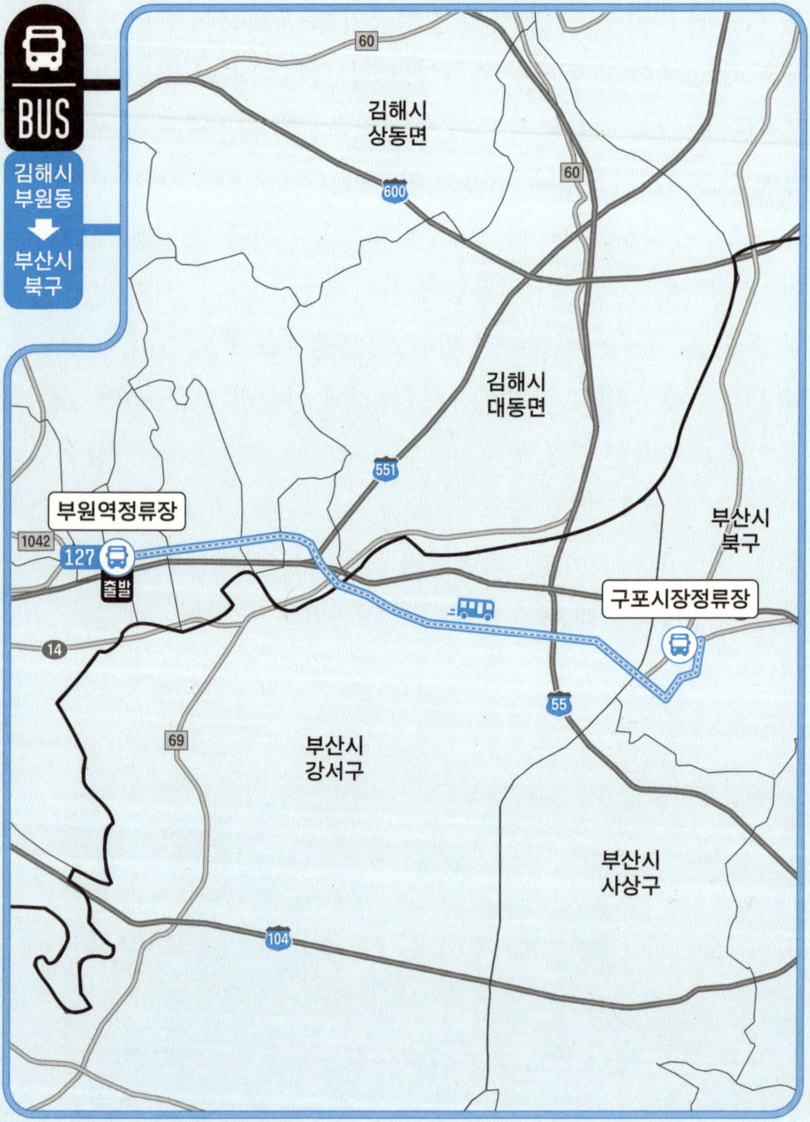
BUS
김해시 부원동
부산시 북구
60
김해시 상동면
600
60
김해시 대동면
551
부원역정류장
1042
127
출발
부산시 북구
구포시장정류장
14
55
69
부산시 강서구
부산시 사상구
104

있다는 말이다. 버스정류장의 흡연금지 관련 외국어 문구를 보았을 때 그제야 그들의 존재가 의식되었다. 가려진 그들이 조금이나마 보인 것이다. 경주에 사는 외국인은 공장에서 일하는 외국인 노동자가 많아 더 이른 아침에 출근하고 더 늦은 밤에 퇴근한다. 그러니 그들을 보기 힘든 건 아닌지 싶다.

그 보기 힘든 외국인을 김해에서 부산으로 가는 127번 버스에서 만났다. 여행 온 사람들처럼은 보이지 않아, 인근에서 학교에 다니거나 일하는 사람들로 추정되었다.

여행 리얼리티 《조인마이테이블》이라는 프로그램이 있다. 총 6회에 걸쳐 다양한 이국 음식을 먹는 프로그램이었는데 저마다 다른 사연으로 한국에 정착한 이주민의 삶도 함께 볼 수 있다. 이 프로그램 4화 김해 편에서는 모로코의 음식인 양고기 타진을 파는 음식점을 소개하면서 짧게나마 이 식당을 운영하는 사장님의 가족 이야기도 나와 한국에서 이슬람교도로 살아가는 삶을 엿볼 수 있었다.

2023년도 기준 경상남도에서 가장 외국인이 많이 사는 도시는 김해시다. 경상남도에 거주하는 외국인은 12만 8천여 명인데 그중 3만 4천여 명이 김해에 산다. 2022년 발표한 김해시 다문화 외국인가구통계에 의하면 외국인 가구원의 체류 자격은 비전문취업비자인 E-9비자가 6,332명으로 가장 많다. 비전문취업비자는 흔히 일정 자격이나 경력 등이 필요한 전문 직종

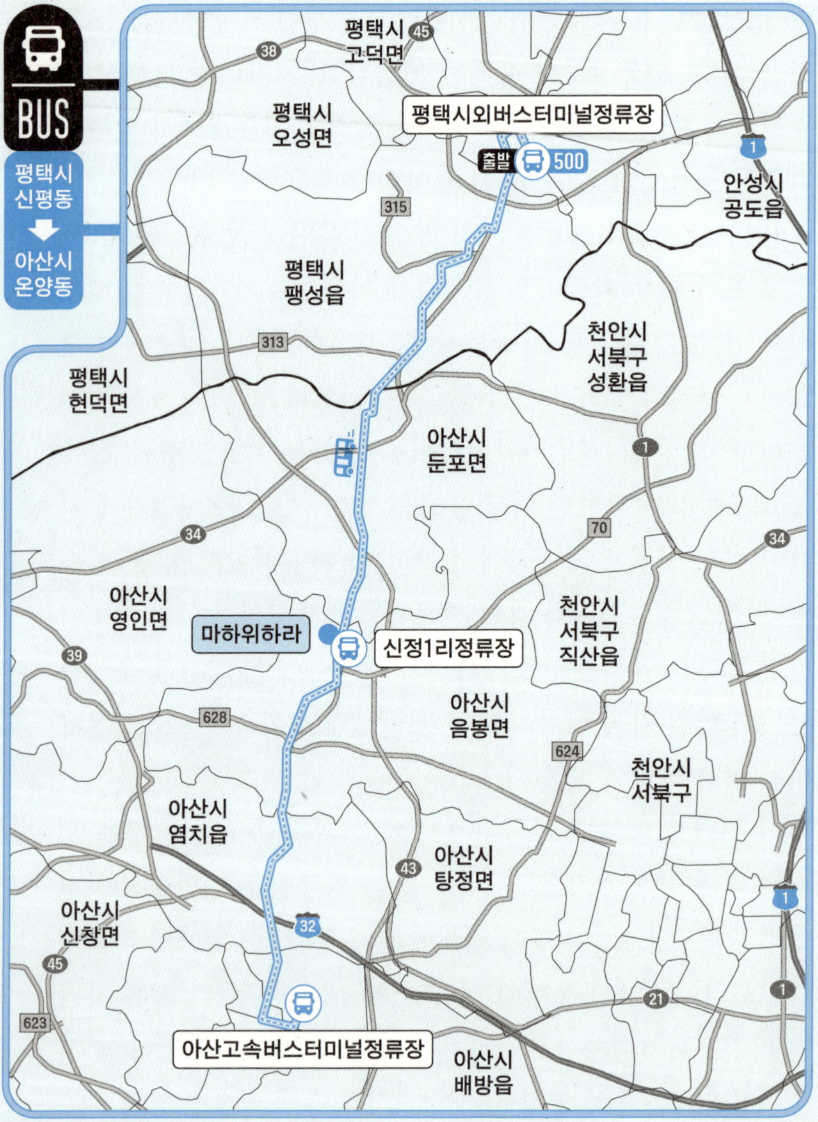
BUS
평택시
신평동
아산시
온양동
평택시
고덕면
38
45
평택시
오성면
평택시외버스터미널정류장
출발
500
1
안성시
공도읍
315
평택시
팽성읍
313
천안시
서북구
성환읍
평택시
현덕면
아산시
둔포면
1
34
70
34
아산시
영인면
마하위하라
신정1리정류장
천안시
서북구
직산읍
39
아산시
음봉면
628
624
천안시
서북구
아산시
염치읍
아산시
탕정면
43
아산시
신창면
32
1
45
1
21
623
아산고속버스터미널정류장
아산시
배방읍

이 아닌 비전문 직종에 취업 목적으로 체류하려는 외국인이 받는다. 김해에는 안동공단이 있어 노동자들이 많이 유입되기 때문인지 김해시 자체적으로도 외국인 관련 대응 부서가 마련되어 있고 다문화 관련 지원도 비교적 빨리 시행한 편이다. 생산직 노동을 필요로 하는 지역에서는 외국인과 어떤 형태로든 마주치게 된다.

아산 500번 버스를 타고 아산 음봉면을 지날 때 버스에서 우연히 한국 최초의 스리랑카 사찰 '마하위하라'에 대해 알게 되었다. 이는 조금 다른 성격의 외국인 인구 유입 사례다. 대승불교를 공부하기 위해 한국으로 온 담마끼띠 스님이 스리랑카 유학생 열한 명과 '자비불자회'를 결성했다. 이 자비불자회는 함께 고향의 음식을 먹으며 타지의 외로운 마음을 달래는 모임이었는데 이주노동자 등 다양한 목적으로 한국에 체류하는 스리랑카 사람들의 커뮤니티로 발전하며 2019년부터 음봉면에 이들을 위한 사원이 자리를 잡게 되었다. 그런데 음봉면이 인구수가 워낙 적은 데다가 졸업한 대학교와 같은 아산 지역인데도 학교와 음봉면 사이에 거리가 있어 직접 그들과 마주친 적은 한 번도 없었다. 충청남도 아산의 외국인 인구가 2023년 기준 약 3만 5천 명이나 되는데도 말이다. 아산시 총 인구수가 38만 명인 것을 감안하면 100명 중 아홉 명은 외국인이다. 아산시 외국인 국적별 등록현황 자료에는 스리랑카인이 몇 명 사는지 등 나라별 통계 자료는 없지만, 졸업한 학교가 있는 신창면에 유독 우즈베키스탄 인구가 압도적으로 많다고 확인할 수 있었다. 학교 국제교류처에는 러시아어가 가능한 담당자가 근무할 정도로 유학생 비율이 늘고 있었는데 신창면 외국인 인구 8,579명 중 2,567명이 우즈베키스탄인이라는 통계 자료를 보면서 학교 근처의 우즈베키스탄 식당과 러시아어로 적힌 식자재 마트가 생각났다. 학교로 유학을 오는 우즈베키스탄 사람들도 있고 신창면 고려인 마을도 있어 외국인 비율이 적지 않음에도 대학시절 내가 피부로 느낀 함께 산다는 체감 정도는 크지 않았다. 아무리 우즈베키스탄 인구가 증가한다고 해도 한국사람들이 그들과 소통하기 위해 러시아어를 배우려 할까?

그렇다면 우리의 생활권을 외국인도 함께 공유하고 있다는 사실을 깨달으면 어떤 일이 일어날까? 대구 대현동의 이슬람 사원 건축에 반대하는 지역 주민의 혐오 행동이 떠올랐다. 대현동에 거주하는 이슬람교를 믿는 이주민이 건물을 매입해 이슬람 사원을 짓자 주민들 간의 종교적 이념 대립으로 번진 사건이다. 건축을 막기 위해 주민들은 돼지머리 바베큐 파티를 벌이는 등 그들의 문화와 종교를 존중하지 않는 방식의 시위를 했다. 노동자로서의 외국인은 환영하지만, 함께 하는 주민으로서의 외국인은 환영하지 않는 것처럼 보였다. 안정적인 출산 환경 조성을 위한 임산부 교통비 지원 사업에 이주 여성은 배제한 서울시의 사례도 생각났다.

경주의 버스정류장에서 여러 언어가 섞인 안내 문구를 보며 언제쯤 아무렇지 않게 그들도 '우리'와 함께 사회 속에 섞일 수 있을지 궁금해졌다. 또 '우리'를 '우리'라고 모두 포함해 부를 날도 언제쯤일지 궁금해졌다.

국적을 넘어 사람 대 사람으로 이들을 바라본다면 정책도 문화도 우리 간의 벽도 허물어지지 않을까? 모화역버스정류장에 앉아 있던 10분 동안 많은 생각이 스쳤다.

영월에는
작은 아프리카 대륙이 있다

영월행 버스를 타고 가다 영월아프리카미술박물관을 스치듯이 보았다. 순간 이런 궁금증이 일었다. 왜 이렇게 뜬금없는 곳에 아프리카 관련 박물관이 있을까? 영월군이 아프리카 대륙과 어떤 인연이라도 있을까? 가령 춘천시는 한국전쟁에 참전한 에티오피아 참전 용사를 지속해서 후원하고, 에티오피아의 수도인 아디스아바바(Addis Ababa)와의 국제교류활동 사업도 꾸준히 진행한다. 그렇지만 영월군과 아프리카 대륙이 어떤 연결성이 있는지는 알지 못했다.

    과거에 영월군은 광물 사업이 지역 산업을 이끌었지만, 현재는 쇠퇴해 다른 방면으로의 도시 발전이 필요했다. 이에 따라 2005년 영월군은 박물관고을특구지정이라는 문화관광도시로의 변신을 본격적으로 시도한다. 그 이후 2023년 기준 스물세 곳의 박물관 및 미술관이 영월군내에 자리 잡았으며 영월 아프리카미술박물관도 그렇게 생겼다. 이 시설은 영월군과 아프리카 대륙이 그 어떤 접점이 없는데도 과거에 나이지리아 대사관에서 대사를 맡았던 분이 박물관으로 조성한 곳이었다.

한국과 아프리카 대륙의 접점은 그리 많지 않다. 이는 대학교만 살펴보아도 잘 알 수 있다. 대학교에 다닐 때 종종 유학생 교류 프로그램에 참여했다. 주로 북미, 아시아 유학생들이 대부분이었고 아프리카 대륙에서 온 유학생은 본 적이 없었다. 학교에서는 아프리카 대륙 출신 유학생을 받고 있지 않았는데 국제교류처에 이유를 물어보아도 답변할 수 없다는 대답만 돌아왔다. 다만 부산 소재 대학교 국제교류처에서 일했던 지인이 알려준 바로는, 개발도상국 출신이면 학생비자를 받을 때 심사 과정이 까다로워 학교 차원에서는 행정상의 복잡성과 위험성 때문에 아프리카 대륙 출신 유학생을 받지 않는다고 한다. 행정상 복잡함을 감안하더라도, 국적 때문에 원하는 국가에서 유학할 수 없다는 점은 마음이 쓰였다. 누구나 평등한 교육을 받을 권리가 있다는 말은 여기에 필요하지 않을까? 내가 원하는 국가에서 원하는 공부를 할 수 없다면 정말 슬플 듯하다.

중국으로 교환학생을 갔을 때 어학당에는 아프리카인과 아시아인이 5:5 비율로 구성되어 있었다. 국적도 모잠비크, 소말리아, 르완다, 콩고공화국, 말리, 콩고민주공화국 등으로 다양

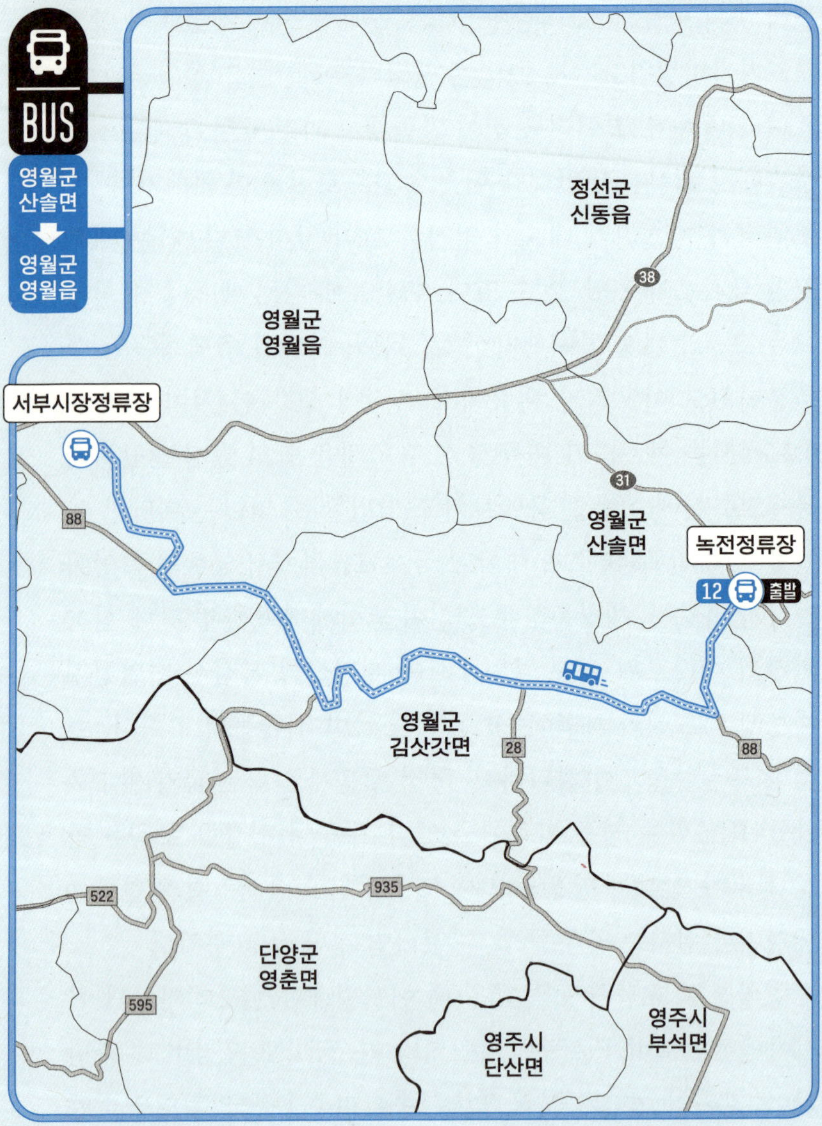
BUS
영월군
산솔면
영월군
영월읍
정선군
신동읍
38
영월군
영월읍
서부시장정류장
31
88
영월군
산솔면
녹전정류장
12
출발
영월군
김삿갓면
28
88
935
522
단양군
영춘면
595
영주시
부석면
영주시
단산면

했다. 한국에 살 때는 이렇게 다양한 국적의 유학생을 보지 못했다.

중국에 아프리카 대륙 출신 유학생이 많은 데는 국제관계와도 연결된다. 미국은 트럼프 1기 정권 당시 아프리카 대륙 출신 유학생의 학생비자 허가가 까다로워졌다. 반면 중국은 아프리카 대륙 출신 유학생 정책을 적극적으로 펼치면서 아프리카 대륙의 우수한 인재에게 학비와 생활 장학금을 제공하는 등 물심양면으로 지원했다. 이에 미국 유학비자 발급에 어려움을 느끼던 학생들이 물가도 상대적으로 저렴하고 비자 발급에 국적을 문제 삼지 않는 중국으로 유학을 왔던 것이다.

중국에 거주하는 동안 콩고민주공화국 친구들과 자주 어울려 놀았다. 그들을 통해 아프리카 대륙의 다양한 매력을 알게 되었고, 나는 왜 그동안 지구 반대편 세상에 관심이 없었는지 반성도 했다. 한국 사회에서는 아프리카 대륙 출신 사람을 보기 참 힘들다는 생각도 했다. 연결성이 부족한 한국과 아프리카 대륙이지만, 영월에 있는 아프리카미술박물관을 통해 미약하게나마 아프리카 대륙과 한국 사이에 연결성이 생기기를 기대해도 될까?

영월군에 스물세 곳의 박물관과 미술관이 있지만, 안타깝게도 시내버스만을 이용해 박물관과 미술관을 방문하기에는 한계가 있다. 그렇다고 영월군이 박물관과 미술관 관광만을 위해 시내버스 노선을 변경하거나 관광객 편의에 맞게 시간표를 조정하는 일 역시 경제적인 면에서나 운영면에서나 한계가 있을 것이다. 게다가 국공립 박물관을 제외하고 사립 운영 박물관 및 미술관은 동절기 기간에 긴 휴무를 가지는 곳도 있으니 사실상 쉽게 접근할 수 있다고 보기는 어렵다.

그럼에도 영월이 도시 발전을 위해 문화 예술 방면으로 해결책을 도모하는 것은 지역살이나 청년마을 운영, 학교 등 교육기관에서 해결책을 찾는 다른 지자체와는 다른 행보다.

모든 도시가 각자의 사정에 맞게 살아남을 방법을 찾듯 영월도 영월 나름의 방법을 찾아가고 있다. 앞으로도 박물관고을 특구가 오래오래 유지되었으면 좋겠다.

폐교를 막는 것만이 살 길은 아닐지도 모른다

상동에서 영월로 가는 100번 행복버스를 타는 내내 다른 농어촌지역에서는 보기 힘든 남자 청소년들이 심심찮게 눈에 띄었다. 이 동네에 왜 이렇게 아이들이 많을까? 이러한 물음은 길에 걸린 '상동고 야구부 창단'이라는 플래카드를 보고 풀렸다. 바로 인터넷으로 검색해 보니 신입생이 없어 폐교 위기에 놓였던 영월 상동고등학교가 대안을 찾고자 전국 최초의 야구 고등학교를 만들 계획을 세웠고 야구선수를 꿈꾸는 학생들이 영월 상동고등학교로 전학을 오게 되었다고 한다. 그렇게 2023년에는 신입생 열네 명을 모집해 야구부를 창단했고 2024년에는 야구부원 열다섯 명을 추가로 영입했다는 것이다. 여기에 교육부에서도 이 학교를 자율형 공립고로 선정해 체육 관련 진로 특성화 교육을 계속할 수 있게 되었다고 한다.

경상남도 함양군의 서하초등학교는 인구 소멸과 폐교를 막고자 학생이 전학을 오면 그 학생의 가족에게는 집과 일자리를, 학생에게는 다양한 양질의 교육을 제공하는 농산어촌 유토피아 프로젝트를 시행했다. 이 프로젝트로 폐교 위기를 맞았던 학교의 전교생 수는 2021년 스물일곱 명으로 늘었다.

지역 소멸의 위기로 가장 빠르게 직격탄을 맞는 곳은 학교일 것이다. 따라서 영월 상동고등학교처럼 특정 분야를 살린 특성화 고등학교를 운영하거나 서하초등학교처럼 일자리와 집을 제공하는 파격적인 정책을 내놓기도 한다. 심지어 경상북도는 고등학교 유학생 모집 유치를 통해 새로운 학생 수 증가 방안을 제시했다. 그런데 시간이 지나 현재의 학생들이 졸업한 뒤 신입생 유치가 생각하는 만큼 잘 이뤄지지 않으면 이 역시 어떻게 정책이 달라질지 알 수 없다. 2024년 한국의 출생률은 0.6명이기 때문이다. 게다가 경상북도의 유학생 정책을 포함한 인구 소멸 지역에 외국인을 거주하도록 하는 현재의 정책(부산에서도 비교적 인구수가 적은 영도구, 북구에 거주하는 외국인을 대상으로 지역특화형 F-2 비자를 만들었다)들은 외국인을 단순히 인구수 늘리기의 용도로만 '사용한다'는 점에서 비판을 피하기 힘들다.

학교라는 교육기관이 가져다주는 지역의 경제적 효과는 굳이 자료 조사를 깊게 하지 않아도 몸으로 느낄 수 있다. 학교를 중심으로 거주 인구도 늘어나고, 학생 수도 늘어나기 때문이다. 일타쌍피가 아니라 일타쌍쌍쌍피다. 사실 이러한 효율성을 따지지 않더라도 모든 지역에는 양질의 교육이 골고루 이루어져야 한다. 하지만 출생률이 줄어드는 현 상황에서 이러한 양질의 교육을 제공하는 학교의 운영이 지속되기 위해서는 어떤 노력을 해야 하는지도 함께 고민해야 할 문제다.

학교로 학생들을 모셔 오기 전에, 학교에 다닐 아이를 낳을 환경, 아이를 낳기 위한 여유로운 삶의 터전을 마련할 수는 없을까? 폐교를 막는 것만이 인구 소멸을 막는 것은 아니다. 이제는 조금 더 다양하고 또 공격적인 방법을 모색할 때가 되었다고 생각한다.

말은 제주로, 사람은 서울로?

보통 어른들은 아이들에게 공부를 열심히 해서 서울에 가야 인생에서 성공한다고 말한다. 그런데 지금은 그 말을 아주 잘 듣고 서울로 상경한 이들에게(물론 나는 어른들 말도 안 들었고 공부도 열심히 안 해서 아산으로 내려갔다) 지방에 사람이 없으니 내려오라고 한다. 수도권에서 나고 자라 지방에 연고가 없는 사람들도 있는데 말이다. 그렇다면 이들은 어떤 계기를 가지고 지방에 내려가야 할까?

겨울 어느 날, 속초 9-1번 버스를 타고 양양과 속초의 경계를 지나고 있었다. 그날 날씨는 영상 4도였는데 물치해수욕장에서 서핑하는 사람들이 보였다. 이 추운 날씨에도 서핑을 즐기다니, 역시 양양은 서핑의 도시구나! 사실 양양이 서핑의 도시

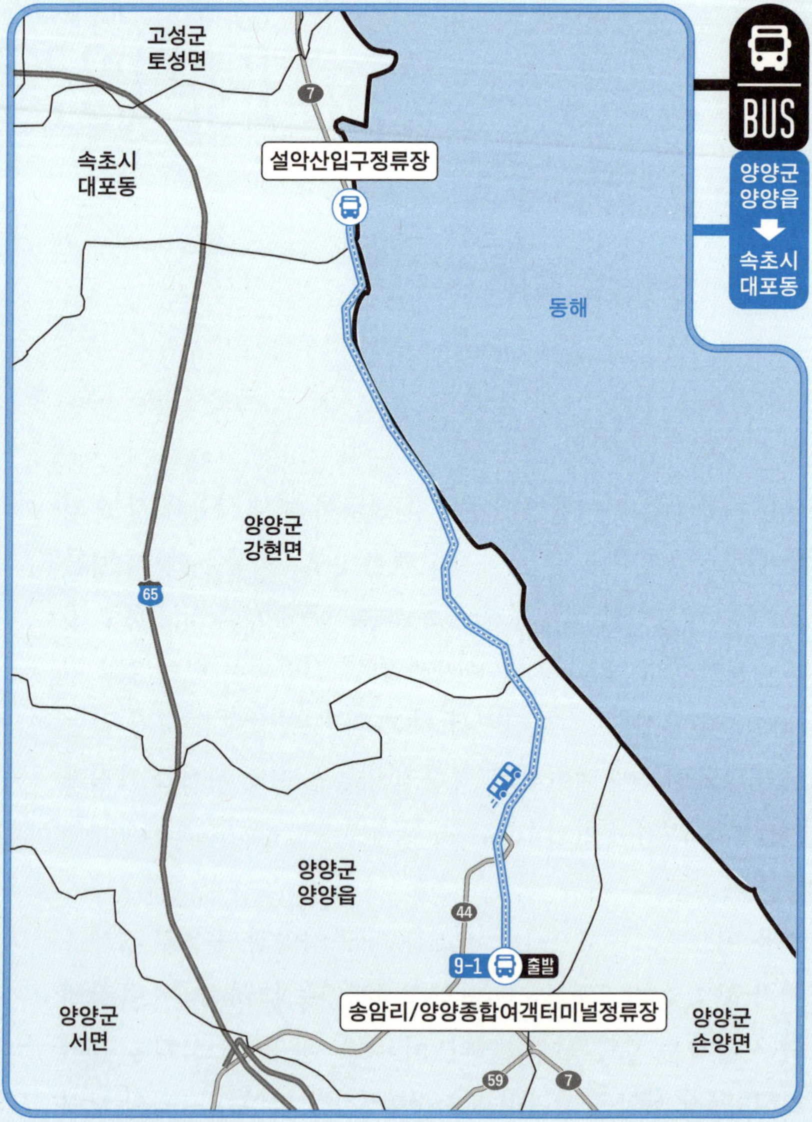
BUS
양양군
양양읍
속초시
대포동
고성군
토성면
속초시
대포동
설악산입구정류장
동해
양양군
강현면
양양군
양양읍
9-1
출발
송암리/양양종합여객터미널정류장
양양군
서면
양양군
손양면
7
65
44
59

가 된 지는 그리 오래되지 않았다. 이는 지자체의 야심 찬 계획도 아니었고 자연스러운 유입의 형태도 아니었다. '서핑의 도시 양양'이라는 타이틀은 누군가의 노력과 끊임없는 도전으로 만들어진 결과물이었다.

2010년 이후 양양 죽도해변을 중심으로 서핑숍을 운영하는 사람들이 생겼다. 그중 한 사람이었던 서피비치의 박준규 대표는 양양에서 서핑 강습을 하기 시작하면서 마케팅 연구를 거듭하며 사업을 키우는 데 성공했다. 그런데 이 사례에서 주목한 점은 어떻게 '일하는 사람들'이 양양에 정착했느냐는 점이다. 박준규 대표는 사업을 지속해기 위해 관련 업종 종사자들과 서핑 강습료를 일정하게 유지하며 관광객이 꾸준히 양양을 찾을 수 있도록 하면서 안정적인 일자리를 직접 창출했다. 서핑 강사들은 보통 비수기인 겨울에는 일이 많지 않아 비정규직 형태로 성수기에 근무하는데 서피비치는 모두 정규직으로 고용해 비수기인 겨울에도 수입을 유지하며 일할 수 있는 시스템을 만들었다. 그래서인지 2016년부터 5년간 양양군 인구는 700명이나 증가했다.

한편 한쪽에서는 출생률이나 정착을 통한 주민등록인구에 집착하지 말고 생활 인구에 집중하자는 목소리도 나온다. 공주 시내버스를 타고 공주 시내를 지나갈 때 '5도 2촌'이라는 문구가 크게 적힌 현수막을 보았다. 버스가 너무 빠르게 지나가 그 네 글자만 보았는데 알고 보니 공주시에 5도 2촌 정책이 있었다. '신5도2촌 정책'은 문화, 관광, 여가, 체험 등을 연계해 도시 생활자가 이틀 동안은 공주에서 머물도록 해 생활 인구를 늘리고 이를 통해 지역경제 활성화를 도모하겠다는 민선 8기 핵심 정책이다. 공주시는 농촌체험관광 활성화를 위한 팸투어 프로그램도 운영하고, 아예 문화 관련 소식을 전달할 때 5도 2촌을 슬로건으로 걸었다. 5도 2촌을 조사하며 알게 된 '자유도'라는 공주시 청년마을은 공주 원도심에서 새로운 기회를 찾는 청년에게 지역 자원을 활용한 정착을 지원한다. ㈜퍼즐랩에서 운영하는 이 자유도는 중단기형 공주살이 프로그램을 운영하고 워케이션, 마을 인턴 등 다양한 방법으로 짧고 길게 공주에 머물 수 있도록 한다. 이는 5도 2촌이라는 슬로건과도 잘 어울린다.

    경주에는 가자미청년마을이 있다. 이 마을에서는 9박 10일 단기형 마을체험활동을 운영하는데 이 활동 덕분에 경주로 이주를 결심하고 황오동에 책방을 차린 청년의 사례도 있었다. 이러한 사례만 보아도 청년마을의 단기형 마을체험활동은 청년과 지역을 연결하는 것에서 그치지 않고, 그들에게 새로운 터전을 제시하는 좋은 기회라고도 할 수 있다.

    청년마을은 행정안전부에서 주관하는 청년마을만들기지원사업으로 탄생한 곳들이다. 청년 단체가 지역에 정착하고 창업

할 수 있도록 지원하면서 짧든 길든 청년들이 지역의 삶을 경험해 미래에 이주할 수 있도록 지원한다.

타지에 연고지가 없는 사람은 이렇게 새로운 지역에 일단 살아보며 어떤 도시인지 알아가는 일이 중요하다. 일자리 역시 중요하지만, 일단 지역에 살아보아야 그 지역에는 어떤 일자리가 있는지 알 수 있다. 청년마을이 지속적으로 지역에 활기를 불어넣고 지역과 청년을 연결할 좋은 연결고리가 되길 바란다.

벚꽃이 지는 순서대로
대학이 사라진다면

삼척 60번 버스를 탑승했다. 이 버스는 삼척 도계터미널에서 출발해 삼척의 유명 관광지인 환선굴까지 왕복하는 노선이다. 도계읍을 지나니 저 멀리 산 중턱에 있는 강원대학교 도계캠퍼스가 보였다. 학생 기숙사는 읍내 한가운데에 자리 잡고 있었다. 그래서인지 읍내 일대를 지나는 내내 버스 차창 밖으로 대학생들이 삼삼오오 모여 돌아다니는 것을 볼 수 있었다. 어르신만 보이던 다른 읍내와는 사뭇 다른 풍경이었다.

종종 벚꽃이 지는 순서대로 대학이 사라진다는 인터넷 밈이나 지방의 쓸데없는 대학은 사라져야 한다는 커뮤니티 글을 볼 때마다 지방대 졸업생으로서 마음이 아프다. 쓸데없는 대학이라는 의미는 무엇일까? 대학은 취업을 위한 직업 훈련 기관은 아니지만, 쓸데없는 대학이라는 의미 속에는 대학을 졸업하더라도 명문대가 아닌 이상 취업에 학력이 그다지 도움이 되지 않는 현실을 꼬집는 말일 것이다.

🚌

대학은 고등교육 제공 외에도 많은 기능을 수행한다. 대학가 주변 상권의 일자리 창출에도 도움이 되며 인근 지역 주민에게는 다양한 교육의 기회를 제공한다. 그중 가장 대표적인 예가 대학교에서 운영하는 평생교육원이다. 평생교육원은 시민에게 수준 높고 다양한 교육 프로그램과 강의를 제공해 생활에 필요한 지식을 얻도록 돕고, 예술과 문화를 위한 열린 공간을 제공해 지역민이 더 행복하게 삶의 질을 높일 수 있도록 하고자 설립된 기관이다. 2023년 기준 대학교에 개설된 평생교육원은 418곳이 존재하며 수강 인원은 연간 약 66만 명이라고 하니 평생교육의 시대가 찾아왔다고 해도 과언이 아니다. 2023년도 기준 전국의 대학교는 4년제 대학, 전문대, 특수대학교까지 포함해 335곳이다. 이 중 대학교 48곳은 서울시에 있으며 인천에는 7곳, 경기도에는 60곳이 있다. 대학교 100곳 중 15곳이 서울이라는 도시에 집중되어 있으며, 전국 대학 열 곳 중 세 곳은 수도권 지역에 몰려 있는 것이다. 그렇다면 지방에 사는 사람들은 어디에서 공부하며 다양한 교육의 기회를 얻을 수 있을까?

🚌

삼척에서 여정을 끝낸 후, 그 다음날에는 삼척에서 포항과 경

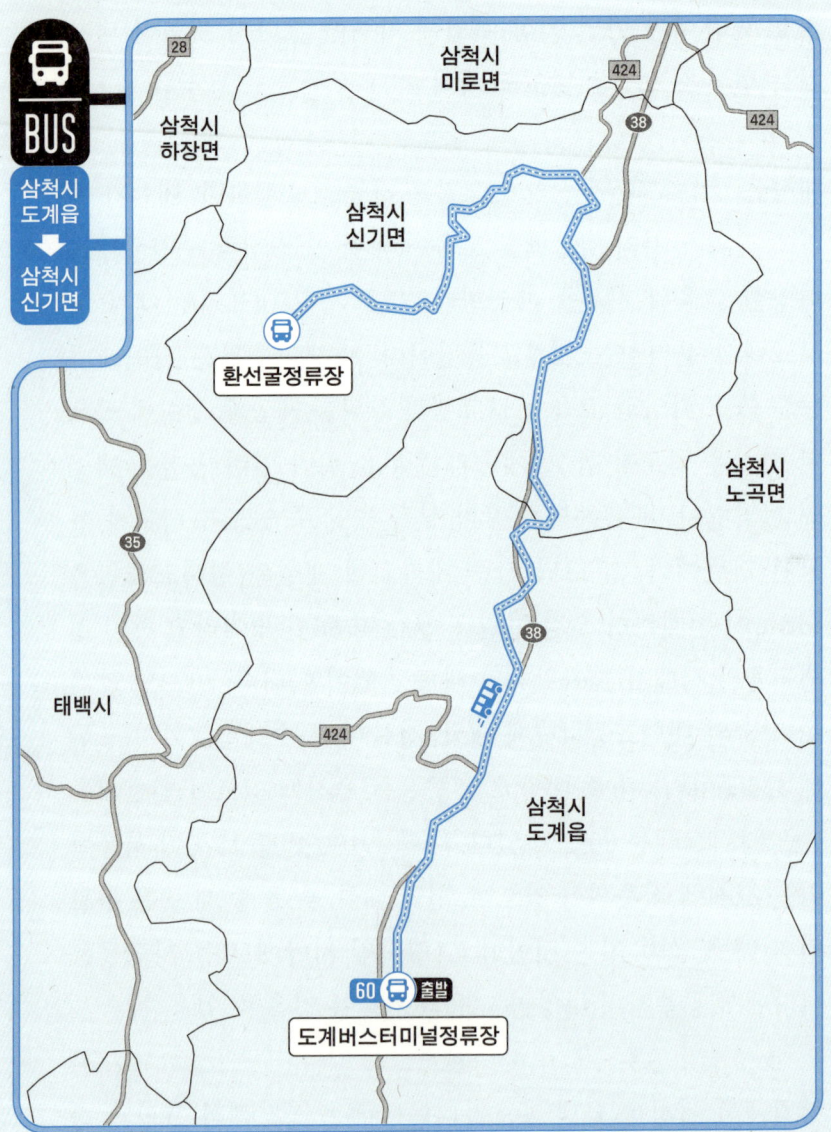

주를 거쳐 부산까지 시내버스로만 일주했다. 포항에서 경주로 넘어가기 위해 포항 600번 버스를 타고 경주의 강동정류장에 갔다. 정류장 근처 다리에는 경주대학교 평생교육원 수강생 모집 관련 현수막이 걸려 있었다. 그 현수막을 보면서 지역의 대학은 다양한 방법으로 생존을 고민한다고 생각했다. 경주에는 동국대 경주캠퍼스와 경주대학교, 서라벌대학교, 위덕대학교가 있는데 이 중 경주대학교의 신입생 충원률이 낮아지고 있다는 신문 기사를 예전에 보아 더욱 마음이 쓰였다.

그러다 이 책을 퇴고하기 직전, 경주대학교 평생교육원 관련 정보를 책에 싣고자 경주대학교 평생교육원 홈페이지에 접속하려 했다. 그런데 평생교육원 홈페이지가 사라져 있었다. 경주대학교가 인근 서라벌대학교와 통합해 신경주대학교로 새출발을 했기 때문이었다. 대학교의 생존 전략으로 통폐합하는 대학교가 늘고 있다지만, 이 전략이 언제까지 통할까?

지역에 있는 대학교의 신입생 충원률이 점점 줄어든다는 뜻은 곧 그 지역에 고등교육을 받는 사람이나 특정 분야에서 전문적으로 공부하는 사람이 줄어든다는 뜻이다. 이는 해당 지역의 인재 감소로 이어지며 나아가 지역사회의 지속적인 경제 발전에도 영향을 줄 수밖에 없다.

강사일 비수기 때 잠시 강원청소년올림픽 조직위원회에서 근무하며 이와 같은 현실을 뼈저리게 마주했다. 나 같은 프리

랜서 강사는 학교 방학시기가 곧 비수기다. 겨울에는 강의가 없어 보통 다른 강사들은 이 시기를 활용해 나름의 휴식 시간을 가진다. 하지만 비수기에도 집에서 쉬고 싶지 않았던 나는 겨울에 할 수 있는 일을 찾았다. 대학생 때 휴학하고 평창동계올림픽조직위원회에서 근무한 적이 있는데 그 당시 일하면서 만난 전 직장 동료가 강원청소년올림픽 조직위원회 직원 채용 소식을 알려 주었다. 근무기간이 짧았지만 비수기에 일하고 싶었던 나에게는 아주 적절했다. 그렇게 지난 2024년 1월과 2월에는 강릉에서 일하게 되었다. 당시 나는 문화부에 소속되었는데 주 업무는 메달 시상식 운영이었다. 강릉 지역의 빙상종목 메달 시상식은 모두 내가 속한 팀에서 운영했다.

    메달 시상식 운영을 위해 시상식에 대한 이해도가 높은 자원봉사자를 따로 모집하고자 올림픽 개최도시인 평창, 강릉, 정선, 횡성 지역의 항공서비스학과 학생들을 따로 선발해 운영하려 했다. 하지만 개최 도시 네 개 지역 중 항공서비스학과는 강원도 강릉에 위치한 가톨릭관동대학교에만 있었기 때문에 자원봉사자 모집에 어려움을 겪었다. 수도권 지역에서 유사한 행사를 운영한 업계 종사자의 말에 따르면, 수도권에는 대학교도 많고 관련학과 학생도 많아 자원봉사자 모집이 어렵지 않았기 때문에 이번 강원청소년올림픽 자원봉사자 모집이 이렇게까지 어려울 줄은 예상하지 못했다고 한다. 한국교육개발원

고등교육통계 2020년 자료 기준, 전국 항공서비스학과는 전문대학교 포함 66곳이며, 그중에서 강원도에는 항공서비스학과가 설치된 대학이 단 세 곳뿐이었다. 고등교육통계 자료에 나타난 지역별 대학수를 살펴보면서 서울이 아닌 곳에서 다양한 교육을 받기란 쉽지 않다는 생각을 했다. 강원도 영동 지역에 사는 학생이 영동 지역에서 항공서비스학과를 진학하려면 무조건 강릉으로 가야 하니 말이다.

최근 몇 년 새 평생교육 시대라는 말에 어울리는 대학 입시전형이 생겼다. 몇몇 대학은 성인학습자(만학도) 입시전형을 신설해 배움에 뜻이 있는 어른들에게 다시 한 번 학부생으로 공부할 기회를 준다. 이 전형을 보며 배움에 나이가 중요하지 않으며, 내가 어디에 살던지 나의 거주지와 일터 근처에서도 대학을 갈 수 있는 기회를 열어놓는 것이 중요함을 깨닫는다.

🚌

지역에 사는 사람들도 고등교육 및 평생교육을 통해 다양한 교육을 받을 권리가 있다. 대학원 입시 준비를 위한 온라인 커뮤니티에서는 종종 자신이 사는 지역 근처에 원하는 전공이 없어 고민이라는 글이 올라온다. 선택지가 넓은 서울의 대학원에서 공부하면 되지 않냐고 생각할 수도 있지만, 이미 자신이 사는 지역에서 일을 하고, 또 가족이 있다면 무조건 서울에서 공부하라는 조언은 적절하지 않다.

함안에 사는 친구는 일을 하면서 야간대학원을 다녔는데 당시 직장이 있던 경상남도 사천시에서 통학할 수 있는 거리의 대학 중 대학원이 설치된 곳은 경상남도 진주에 있는 대학원뿐이어서 그곳으로 진학했다. 만약 그 대학원에 원하던 전공이 없었다면 친구는 대학원을 진학했을까? 그 대학원으로 지원했다 떨어지면 영원히 공부할 기회를 잃는 것인가?

반면 수도권에 사는 사람이 대학원을 알아보는 상황은 그 친구와 매우 다르다. 집 근처에 있는 여러 대학원 가운데 내가 하고자 하는 연구 방향과 맞는 곳이 어딘지를 고민하지, 대학원 때문에 집과 직장을 포기해야 할지 고민하지는 않는다. 이렇게 지방에 사는 사람과 서울과 수도권에 사는 사람의 입시 과정을 비교하면 선택의 폭부터 매우 다르다. 공부하고자 하는 마음은 누구나 같을 텐데 내가 거주하는 지역이 어디냐에 따라 고민의 범위가 달라지는 것은 평등하지 않다.

🚌

대학이 지역사회에 가져다주는 경제의 순환, 일자리, 교육의 권리, 평생교육원 운영, 지역 주민과의 상생, 지자체 및 지역 기업과의 협업이라는 순기능을 잃고 싶지 않다. 지방 대학을 무조건 없애기보다는 지역사회에서 어떻게 지방의 대학과 순조로이 살아갈 수 있을지를 고민하고 싶다.

영어 천국 대한민국

이 책의 제목은 시내버스 챌린지다. 챌린지. 외래어도 아니고 외국어다. 3년 동안 지낸 중국에서 나는 한국어를 가르쳤다. 그러니 외래어와 외국어를 민감하게 받아들이는 건 직업병일 것이다. 이 책을 쓸 때도 외래어, 외국어 사용을 자제하려 애썼다. 하지만 정작 제목은 외국어가 들어갔다.

사실 모든 언어가 어감을, 느낌을, 뉘앙스를 완벽하게 살릴 수는 없다. 단어가 처음 생겨난 이유가 무엇이겠는가? 그 단어의 뜻을 명확하게 설명하기 위한 것이다. 처음 그 단어가 태어난 곳이 영어권 국가여서 영어로 그 단어가 만들어졌다면 그 영어 단어를 그대로 써야지만 원래의 뜻을 가장 잘 살릴 수 있다. '챌린지'의 한국어 뜻은 '도전'인데, 시내버스 도전이라고 제목을 짓자니 너무 '도저어어언!!!' 같은 비장한 느낌이 들었다. 하지만 '챌린지'는 너무 비장하게 각오한다는 느낌이 들지 않았다. 동시에 하루 만에 북에서 남으로, 동에서 서로 장거리 이동을 해야 하는 시내버스 여행에는 이 말이 더 '찰떡'처럼 느껴졌다. 최대한 외국어와 외래어 사용을 지양하자고 자칭 흥선대원군 운동을 펼치는 내가 정작 제목을 이렇게 지어야 한다는 것에 글을 쓰는 내내 심각하게 고민했다.

🚌

시내버스를 타고 여행하는 동안 버스 창밖 너머 볼 수 있는 게 무엇일까? 산, 바다, 풀, 차, 도로, 집, 사람, 그리고 간판이다. 간판. 요즘에는 여행하다 보면 한국어가 없는 간판이 점점 늘고 있다는 느낌이 든다. 심지어 식당 메뉴판에 적힌 가격조차 10,000원이 아니고 10.0원이라고 적혀 있을 때도 있어 그때마다 다른 나라에 있는 듯한 착각마저 들 정도다. 영어 가득 간판을 보면서 도대체 왜 한국어로 표기할 수 있는 것을 표기하지 않는지 의문이었다. 한국은 영어가 공용어인 나라가 아니다. 모든 한국인이 영어를 'BASIC' 하게라도 구사할 수 있는가? 요즘 소위 말하는 핫한 '~리단길' 일대를 버스로 지나가면 한국어 간판은 찾아보기가 힘들다. 나조차도 종종 모르는 영어 단어와 마주하고, 그림도 없는 영어 가득한 메뉴판을 보면, 해외여행을 이렇게 쉽게 해도 되는 것인가?, 하는 말도 안되는 착각에 빠진다(?). 그정도로 영어 사용이 과하다는 뜻이다.

   비단 수도권, 대도시가 아닌 소도시로 가도 영어와 한국어가 섞인, 혹은 영어 뿐인 간판이 있다. 전국 모든 한국인이 영어를 구사할 수 있다면 괜찮다. 하지만 모두의 정보 접근성 보장을 위해서라도 영어 간판은 지양해야 한다. 한국어로 간판을 디자인하면 소위 '간지 나지 않는다'는 주장도 있는데 언어의 가장 중요한 기능은 바로 의미 전달이라는 사실을 잊어서는 안된다.

   다시 처음으로 돌아가, 이 책의 제목을 두고 영어를 결국 남발해 정확한 뉘앙스를 살릴지는 책이 나올 때까지 계속 고민할 것이다. 그리고 모쪼록 이 책이 독자의 손에 들어갔을 때는 의미 전달이 잘 될 수 있는 제목으로 나와 있기를 바란다.

언제까지 이 여행을
즐길 수 있을까

천안에는 겨울이 되면 산타버스로 변신하는 버스가 있다. 버스 안은 형형색색의 장신구로 장식되어 번쩍번쩍하고 기사님도 산타클로스 옷을 입는다. 산타클로스답게 어린이 승객에게는 선물도 준다!(나도 받고 싶다) 이 버스를 운행하는 기사님을 인터뷰한 기사가 있어 본 적이 있는데 그 기사님은 그저 좋아서 이런 이벤트를 20년 전부터 해왔다고 한다. 그런데 그 기사에서 나는 다른 사실도 한 가지 알 수 있었다. 기사님의 휴식 시간이 20~30분 정도밖에 되지 않는다는 것이었다.

🚌

2019년 7월, 개정된 근로기준법으로 주 52시간 근무제가 시행되었다. 1주 근로 시간을 8시간×5일로 계산하고, 최대 12시간의 연장근무를 더해 총 52시간으로 산정한 것이다. 당시 버스운전사는 2일 근무 1일 휴무제로 근무하다보니 피로가 쌓여 자칫하다 사고로 이어질 수 있는 상황이었다(지금은 한 노선 당 하루 2교대로 운영하거나 1일 근무 1일 휴무제가 많아졌다). 실제로 과로로 졸음운전을 하다 사고가 난 사례도 있었다.

그런데 주 52시간 근무제가 시행되자 정작 당사자인 버스운전사들 사이에서 혼란이 일었다. 장시간 운전은 피로도가 높을 수밖에 없지만, 연장근무를 하면 그만큼 연장수당을 받을 수 있다. 버스운전사는 기본급 자체가 높지 않기 때문에 당장 피곤할지라도 연장수당이 포함된 더 많은 급여를 받길 원했던 것이다. 주 52시간 근무제를 적용해 기존의 버스 운행 시간표대로 운행하려면 더 많은 인력이 필요하다. 현실적으로 필요한 인력을 보충하기에는 한계가 있다보니 많은 지자체가 기존 10분 간격으로 운행하던 버스 운행 시간을 30분 간격으로 조정하는 등 버스 시간표를 조정할 수밖에 없었다.

혼란에 빠진 것은 버덕들도 마찬가지였다. 시내버스 여행의 핵심은 시간표다. 시간표가 바뀌면 다음 여정이 틀어지거나 심하면 여행 일정 자체를 수정해야 한다. 대대적인 시내버스 시간표 개편으로 기존의 몇몇 시내버스 여행 경로를 더이상 쓸 수 없게 되자 개정된 근로기준법과 정부에 대해 거센 비난을 하는 버덕들도 있었다.

기본급이 적어 연장수당을 받기 위해 고강도의 노동을 자처

해야 하는 육상운송업의 현실과 시간표 개편으로 본인들의 여행이 망가졌다면서 원색적인 비난을 하는 버덕들을 보며 이 덕질에 대한 회의감이 들었다. 시내버스 여행은 새벽 일찍 첫차를 타고 밤늦게 막차를 탈 수 있기에 가능한 노선이 있다(서울에서 부산까지 시내버스만으로 이동하는 여정을 살펴보면 자정 이후에 출발하는 서울 심야버스와 자정 넘어서까지 운행하는 부산 심야버스로 시작과 끝을 맺는다). 어떻게 보면 누군가의 고강도 노동으로 이 여행이 만들어지는 것이다.

덕질이란 혼자 할 수도 있지만 함께 하는 사람들이 있어야 더 재미있는 법인데 함께 덕질하는 사람들이 고강도 노동을 옹호한다는 사실을 알자 같은 버덕으로서 양심상 받아 들이기 힘들었다.

고강도 노동을 자처하게 된 원인이 임금이라면, 임금 인상으로 그 문제가 해결될까? 실상은 그렇게 간단하지 않다. 목포시 시내버스를 운영하는 버스회사는 지난 2020년부터 운영 적자로 인한 파업을 몇 차례에 걸쳐 진행하다 결국 2023년 4월 버스회사가 경영권을 포기하고 2023년 7월부터 목포시가 직접 운영하는 준공영제 형태로 바뀌었다. 목포 시내버스 파업으로 시내 교통 수단이 완전히 정지되는 등 파장이 컸는데 이는 다른 지자체와 달리 목포는 시내버스를 운영하는 회사가 한 곳뿐이었고 시내버스 외에는 별다른 시내 교통수단이 없었기 때문이었다. 목포시에서는 예산을 추가로 배정하는 등 다방면으로 지원했지만, 회사 운영에는 그 예산이 턱없이 부족했다. 버스회사는 수익성이 있도록 버스 노선을 짤 수 있는 것이 아니라 시에서 지정한 대로 버스 노선을 만들기 때문에 수익을 올리기 어려웠고, 2020년부터는 코로나로 승객수가 감소했다. 또한, 러시아와 우크라이나 전쟁으로 석윳값이 올라 운영에 차질을 빚었으며, 지역 인구 소멸 현상으로 탑승 요금으로 벌어들이는 수익 역시 줄었던 것이다. 이러한 복합적 원인만 보더라도 단순히 임금만 올린다고 해결되는 문제는 아닐 듯하다.

시민의 이동권 보장은 지자체의 지원만으로 해결되기 어렵다. 재원은 한정적이고 예산은 넉넉지 않다. 그렇다고 누군가의 이동권을 보장하기 위해 누군가의 노동이 과해져서도 안 될 일이다. 버스 여행을 하면서 새벽부터 밤늦게까지 그리고 장거리 노선을 쉼 없이 달리는 기사님들을 보며 복잡한 마음이 들었다. 종종 퉁명스럽고 짜증이 많은 버스 기사님을 볼 때면 그들의 녹록하지 않은 노동 환경이 감정에 영향을 준다고 느꼈다. 버스 기사는 우리 생활에서 안전한 이동을 돕는 필수 인력이다. 그러니 쉴 권리가 더 충족되어야 하지 않을까? 종점에서 충분히 휴식을 취할 수 있는 넉넉한 시간과 마땅한 공간이 더 필요하고, 고강도 노동을 자처하지 않도록 수입이 안정되어 마음이 여유로운 삶도 함께 보장되어야 한다.

그리고 조금 시간표가 바뀌면 어떤가? 버덕들은 또 새로운 루트를 개척할 게 분명하다.

모두가 즐길 수 있는 여행이 되도록

시내버스 여행을 할 때 가장 중요한 것은 바로 시간이다. 농어촌지역은 정차하는 정류장 수와 탑승자가 많지 않기 때문에 종종 지도 애플리케이션의 예상 운행 시간보다 빠르게 이동한다. 하지만 거꾸로 시간이 늦춰질 때도 있다. 어르신들이 승하차하는 시간의 영향을 받기 때문이다.

학생들이 버스에 탈 때는 승차 태그를 하고 '청소년입니다'라는 안내음이 채 끝나기도 전에 다음 사람이 버스카드를 찍는다. '청소년, 청소년 청, 처-청, 청소년입니다.' 하면서 여섯 명이 1분 안에 탄다. 하지만 읍내 장터에서 어르신들이 버스를 탈 때는 다르다. 천안에서 시내버스를 탈 때는 '행복하세요' 하는 안내음이 3분 동안 세 번 울리며 세 어르신이 탑승했다(천안 시내버스에서 어르신 교통카드를 찍을 때는 이 안내음이 들린다. 이유는 모르겠지만 일단 이 안내음을 들으면 안 행복한데 의무적으로 행복해져야 할 것만 같다). 이 정도면 빠른 편이다. 가끔 다음 버스와의 환승 시간이 길지 않을 때 어르신들이 버스를 타면 초조해진다. 특히 저 멀리 양손 가득 짐을 들고 기다리는 어르신을 볼 때면 더 긴장되며 두근거린다.

🚌

처음 전국일주를 할 때는 괜한 호의가 민폐라 생각해 안절부절만 하다가 도와드리지 못했다. 그런데 시간이 지나니 저분들을 도와드려야 내가 빠르게 목적지에 도달하고 신속하게 환승할 수 있을 듯해 '순전히 나를 위해' 빠르게 어르신들의 짐을 실었다. 버스 기사님이 운전석에서 나와 어르신의 짐을 들어드리는 것 역시 탑승에 시간이 걸리기 때문이다.

다행히 이때까지의 모든 여행에서 만난 분들은 나의 숨은 의도(?)를 알아차리지 못했고, 연거푸 고맙다고 말하는 어르신, 예쁜 아가씨가 마음씨도 예쁘다고 칭찬해 주는 또 다른 어르신, 힘 좋은 대학생(사실 이 말이 제일 듣기 좋다. 대학 졸업한 지가 언젠데 아직도 대학생처럼 보인다니)이라며 나의 젊음을 칭찬하는 할머니들, 좋은 일 많이 하니 복 받을 것이라는 아주머니들이 만든 칭찬 감옥에 갇힌 채 버스 여행을 이어나갔다. 물론 짐을 대신 드는 과정에서 나 역시 빠르게 (다음 환승지점까지 빠르게 도달해야 하는) 나의 이득을 채우기 위해(?) 다음에 탈 버스 노선에 대한 각종 정보를 묻기도 한다. 내가 다음에 이 버스를 타야 하는데 이 정류장에서 기다리는 것이 맞는지 혹시 이 지역으로 이동하는데 이 버스 말고도 다른 버스를 추천할 수 있는지 등. 그러면 나의 (의도하지 않은) 선행을 지켜본 마음씨 좋은 어르신들은 아주 적극적으로 최선을 다해 노선 관련 정보를 알려 준다. 나도 나의 사정이 있어 도왔지만, 어쨌든 그 덕에 나 역시 큰 도움을 받았으니 다시 한 번 수많은 어르신에게 감사 인사를 드린다. 어르신들 아니었으면 저 전국일주 못 했습니다.

농어촌지역에서 버스를 가장 많이 이용하는 사람은 바로 학교에 다니는 청소년과 어르신이다. 하지만 직접 버스 여행을 하면서 만난 어르신들은 버스 탑승 계단을 오르는 것부터 쉽지 않았다. 특히 읍내에서 장을 본 어르신들은 양손 가득 짐을 들고 탑승하는데 버스에 짐을 올려 놓으면서 승차하면 탑승 시간은 두 배 이상 걸린다. 물론 일부 지자체는 승하차를 돕는 버스 도우미도 있고 맘씨 좋은 기사님들이 이를 돕기도 한다. 하지만 그것이 완벽한 대안이라고 보기는 어렵다.

가장 좋은 대안은 저상버스의 도입이다. 저상버스는 단차가 낮아 이동 약자들이 버스에 탑승하기에 상대적으로 쉽다. 하지만 전국의 저상버스 보급율은 그다지 높은 편이 아니다. 교통약자의 이동편의증진법이 생기면서 저상버스 설치가 의무화되었지만, 여전히 저상버스 보급률은 국토교통부 통계를 보면 2022년 기준 34퍼센트에 그친다.*

그렇다면 저상버스는 어떻게 하면 도입할 수 있을까? 저상버스 구매 비용은 약 2억 원 정도로 정부와 지자체가 함께 부담한다. 정부에서 보조금을 받아도 지자체에서 이 예산을 감당하기 힘들면 구매가 어려워진다. 심지어 국토부에서는 2024년부터 저상버스 도입 예산을 220억 삭감한다고 발표했다. 물론 정부는 이를 대비해 장애인콜택시 관련 예산을 늘리거나 지자체에서도 청소년의 등하교를 위한 에듀콜택시 사업, 어르신들의 교통 불편을 해소하기 위한 100원 택시 사업을 시행하고 있다. 택시 사업은 특정 계층의 이동을 위해 나온 맞춤 서비스지만, 이용 대상이 정해져 있다 보니 이 대상에 부합하지 않는 계층은 이용하지 못한다. 그러니 이러한 정책보다 먼저 모두가 누릴 수 있는 '경계가 보이지 않는 사회'가 확산되어야 한다.

시내버스를 쉽게 탈 수 있는 세상이 온다면 이동권도 확보되면서 누구나 이 여행을 즐길 수 있게 되지 않을까? 시내버스 여행이 아니라면, 그냥 여행이라도. 그냥 출근이라도. 그냥 등교라도 말이다.

* 저상버스도입현황, 국토교통 통계누리

에필로그 - 시내버스에서 하차하며

이 책을 쓰면서 몇 가지 아쉬운 점이 있었다. 자주 지나다닌 지역을 위주로 서술하다 보니, 시내버스 챌린지에 실패한 전라남도 지역과(서울에서 광주까지 시내버스로 이동해 보고 싶었으나 두 번이나 실패했다) 시내버스 루트에 자주 등장하지 않는 경상북도 북부 지역을 많이 다루지 못했다. 또한 시내버스를 타고 다니며 느낀 지역마다의 속사정을 알고 싶었지만, 그렇게 하지 못한 부분도 있다.

🚌

경상남도 진주와 의령은 가까운 도시지만 두 도시를 잇는 시내버스는 의령군에서 하루에 한 대 운영하는 농어촌버스뿐이다. 시군 간 협의 하에 도시 사이의 버스 노선을 공유하는 지자체도 있지만 유독 진주는 타도시를 넘나드는 버스 노선이 없다. 노선이 없는 이유는 단순히 도시와 도시 사이의 교류가 없기 때문이라고는 할 수 없으며, 버스회사와 지자체 간 사정도 함께 존재할 텐데 자료조사의 한계가 드러나 깊은 이야기는 결국 글로 담아내지 못해 아쉽다.

🚌

전주 시내버스는 전주 소재 대학교가 기종점인 노선들이 있었는데 어떤 목적으로 노선이 그렇게 정해졌는지 연결점을 명확히 찾지 못했다. 이를 위해 직접 전주시에 전화를 걸어 문의하는 게 나을까, 전주 사람들을 섭외해 인터뷰를 해야 하나 고민을 했지만, 결국 관뒀다. 다만 이 궁금증을 추측할 수 있는 다른 지자체 사례가 있었다. 춘천시는 통학급행버스를 운영하는데 학생들의 등교를 돕기 위해 고등학교에 기종점을 두고 노선 당 여섯 개에서 아홉 개의 정류장을 거쳐간다. 이 버스들은 등교시간에 맞춘 노선이라 학생들의 이용률이 높다고 한다. 사실 수도권과 대도시는 지하철이라는 다른 대체 가능 교통수단이 있다. 그렇지만 지역에서 대중교통은 시내버스가 유일하다. 지역 소멸로 인한 인구감소로 지역에서 대중교통을 이용하는 비율 역시 줄어들고 있는데 확실한 수요가 있는 학교 중심으로 노선을 기획하는 일은 자가용이 없는 연령대인 청소년과 고령 인구에게는 없어서는 안 될 필수 교통수단으로서 순기능을 한다고 볼 수 있다.

한편 창원은 2023년 6월 대대적인 버스 노선 개편을 진행했다. 시민들의 편의 증진을 위한 목적으로 정시성과 안전성을 향상시키기 위함이라고 했지만, 시민들은 개편 관련 정보를 제대로 숙지하지 못해 불편함을 겪어 한동안 시청에 민원이 올라오는 등 혼란이 있었다. 지자체에서는 지속해서 지역 대중교통의 피드백을 받고 개선하려 노력하지만, 창원처럼 시민들과의 충분한 소통이 이뤄지지 않으면 오히려 이용자와의 갈등을 초래할 뿐이다. 2024년 5월 창원의 S-BRT사업으로 창원 원이대로 중앙에 버스 전용 차로를 신설해 시민들이 원활하게 대중교통을 이용할 수 있게끔 만들었지만, 개통 초기 자가용을 이용하는 시민들과 의견 충돌을 보였다.

이러한 예들은 나로서는 너무 복잡하고 다루기 어려워 한계가 있었다. 그러니 혹시 진주, 전주, 춘천, 창원 지역에 사는 누군가가 이 책을 읽는다면 나에게 그 지역의 속사정을 전해 주었으면 하는 바람도 있다.

비록 나에게는 한계로 남아 이쯤에서 매듭짓지만, 이 이야기들이 끝이 아닌 시작이었으면 좋겠다. 또한 이 책을 읽는 독자가 이 이야기의 매듭을 풀 수 있는 실마리를 가지고 뒷이야기를 풀어나가기를 바란다. 시내버스 이야기가, 지역 이야기가,

그냥 우리가 사는 이야기가 곳곳에서 들려온다면 이 책은 이미 목적을 달성했다고 할 수 있다. 우리 삶 속에서 대중교통은 언제나 필요한 존재다. 그러니 시내버스 이야기는 앞으로도 끊임없이 어떤 주제로든 나타날 것이다.

나는 이 이후의 이야기를 기다리고 있다. 언제 어디선가 이 글을 읽는 당신과 내가 만난다면 꼭 뒷이야기를 이어주길 바란다.

함안의 북카페 책방느림에서
마지막 마침표를 찍으며

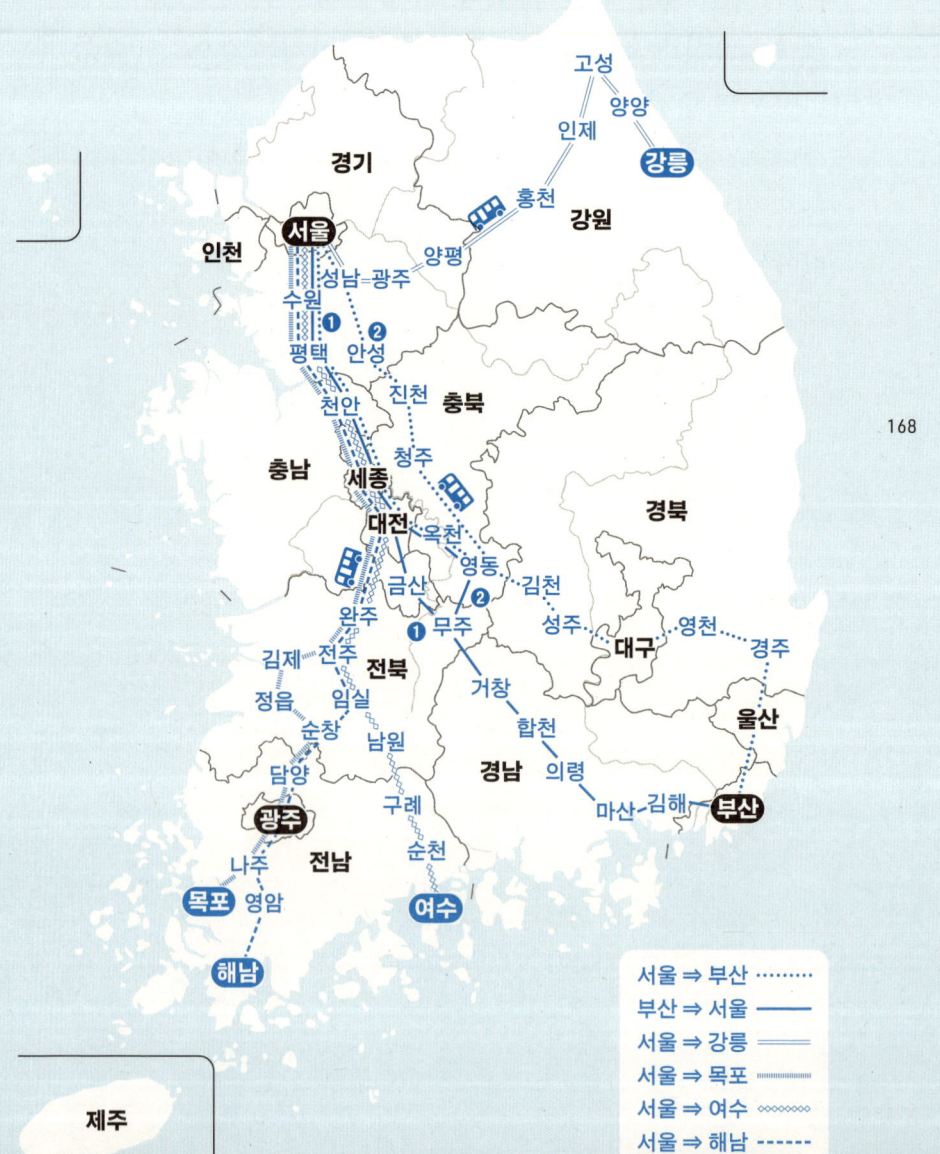

이 책을 읽고 시내버스 여행을 하고 싶어졌다면 덕후가 알려 주는 노선 대로 따라가 보자. 쉽지 않은 여행이지만, 분명 지금까지 몰랐던 또 다른 세상과 만날 수 있을 것이다.

서울 ⇒ 부산

❶ 서울-평택-천안-세종-대전-옥천-영동-김천-성주-대구-영천-경주-울산-부산

❷ 서울-성남(야탑)-안성-진천(광혜원)-청주-청주(미원)-영동-김천-성주-대구-영천-경주-울산-부산

부산 ⇒ 서울

❶ 부산-김해-마산-의령(신반)-합천-거창-빼재(무주 거창 경계)-무주-금산-대전-세종-세종(전의)-천안-천안(성환)-평택-서울

❷ 부산-김해-마산-의령(신반)-합천-거창-무주-빼재-영동-옥천-대전-세종-세종(전의)-천안-천안(성환)-평택-서울

서울 ⇒ 강릉

서울-성남-광주-양평-홍천-인제-고성-양양-강릉
※ 강릉 > 서울은 동일한 노선을 반대로 간다.

서울 ⇒ 목포

서울-평택-천안(성환)-천안-세종-대전-완주(고산)-전주-김제(원평)-정읍-순창-담양-광주-나주-(도보로 걸어서)-목포
※ 위 노선은 서울 > 광주 노선과도 같다.

서울 ⇒ 여수

서울-평택-천안(성환)-천안-세종(전의)-세종-대전-완주(고산)-전주-전주(관촌)-임실-임실(오수)-남원-구례-순천-여수(율촌)-여수

해남 ⇒ 서울

해남-영암-나주-담양-순창-임실-전주-대전-세종-천안-평택-서울

시내버스를 타고 3박 4일 전국일주를 떠나 보자!

1차 전국일주

【1일 차】 서울 ⇒ 삼척
서울-평택-안성-여주-양평-원주-영월-태백-삼척

【2일 차】 삼척 ⇒ 부산
삼척-울진(부구)-울진-울진(평해)-울진(후포)-영덕(영해)-영덕-포항(송라)-포항-경주-울산-부산

【3일 차】 부산 ⇒ 남원
부산-거제-통영-고성-진주-산청-함양-남원

【4일 차】 남원 ⇒ 서울
남원-오수-임실-관촌-전주-삼례-익산-강경-논산-계룡-대전-세종-천안-평택-서울

2차 전국일주

【1일 차】 서울 ⇒ 전주
서울-수원-안성(안중)-평택-아산-공주-대전-계룡-논산(강경)-논산-논산(여산)-익산(금마)-익산-전주(삼례)-전주

【2일 차】 전주 ⇒ 울산
전주-임실(관촌)-임실(오수)-남원-인월-함양-함양(안의)-합천-합천(적교)-창녕(영신)-창녕(남지)-마산-김해-부산-울산

【3일 차】 울산 ⇒ 울진
울산-경주-포항-포항(송라)-영덕-영덕(영해)-울진(후포)-울진(부구)

【4일 차】 울진 ⇒ 서울
울진(부구)-삼척(호산)-태백-태백(상동)-영월(녹전)-영월-영월(쌍용)-제천-제천(백운)-충주-음성(감곡)-(걸어서이동)-이천(장호원)-이천-서울

이 책을 위해 참고한 책

『전국축제자랑-이상한데 진심인 K-축제 탐험기』, 김혼비, 박태하 지음, 민음사, 2021
처음 책을 집필해야겠다고 결심했을 때 마산 합성동 중고서적매장에서 우연히 만난 책이다. 전국 각지의 지역축제를 김혼비, 박태하 작가의 시선으로 재치 있게 풀어나간다. 지자체가 홍보 및 경제 활성화를 위해 흔히 사용하는 축제라는 아이템이 어떻게 방문객의 시선에서 파헤쳐지는지 보는 재미가 쏠쏠하다.

『서울중독』, 용진 지음, 어바아웃북스, 2023
대학을 기점으로 10년 동안 작가 본인이 서울 속 어떤 형태의 '공간'에서 살아가는지 이야기한 에세이다. 이 책을 보면서 '아, 나도 지은이처럼 남자였더라면 집값을 아끼기 위해 아무 걱정 없이 반지하를 선택해 살았을 텐데.' 하고 생각했다. 이 책을 읽으며 문득 진주에서 숙소를 잡을 때 친구와 나누었던 메신저 대화가 생각나 1부의 「안전이냐, 돈이냐」 꼭지를 쓸 수 있었다.

『우주 여행자를 위한 한국살이 가이드북』, 희석 지음, 발코니, 2023
외계인이 한국에 살아야 할 때 필요한 꿀팁을 제공해주는 책이다. 한국 사회에 만연해 있는 다양한 차별에 시사점을 제시한다. 외계인이 한국에서 살아남으려면 유자녀 중심, 이성애자, 비장애인 남성으로 살아가며 인종차별, 성차별을 일삼아야 한다고 조언한다. 이 책을 쓴 지은이는 부산광역시를 기반으로 활동하고 있다.

『서울, 9개의 선』, 임소라 지음, 하우위아, 2018
지은이가 서울의 아홉 개 지하철 노선을 기점에서 종점까지 타고 가면서 관찰한 사람들의 이야기를 엮은 책이다. 풍경 관찰도 하고 열차에 탑승한 누군가가 대화하는 장면을 보며 작가 나름의 상상도 한다. 내가 잘 아는 역을 지날 때의 장면을 적어 놓은 구간은 딱히 나와 상관없어도 왠지 모르게 친숙하고 반갑다.

『서울 밖에도 사람이 산다-서울 밖에 남거나 남겨진 여성, 청년, 노동자이자 활동가가 말하는 '그럼에도 지방에 남아 있는 이유'』, 히니 지음, 이르비치, 2023
지역, 청년, 여성이라는 주제어로 지역에 사는 당사자의 당사자성 이야기를 담았다. 지역에 대한 지은이의 시선을 통해 책 집필 당시 지역 소멸 관련 주제를 너무 서울인간(?)의 시선으로만 바라보지 않으려 애썼다. 좋아하는 포항이 글에 종종 나온다.

『우리가 소멸하는 방법』(1-2호), 해변의 카카카 편집부 지음, 해변의카카카, 2021
『우리가 소멸하는 방법』(3호), 해변의 카카카 편집부 지음, 해변의카카카, 2022
남해를 기반으로 활동하는 출판사 '해변의 카카카'에서 만든 시리즈물이다. 인터뷰집, 에세이, 소설 등 다양한 형식으로 남해를 담았다. 남해에 이주한 사람들의 이야기, 남해라는 지역의 이야기 등 남해와 지역 소멸, 지역살이의 이야기가 궁금하면 이 책을 추천한다.

시내버스 챌린지를 하며 참고한 영상

지방대학 관련 이야기에 참고한 다큐멘터리

《KBS 추적60분》
지방대 생존법,
지금 우리 학교는

《EBS 다큐멘터리 K》
교육격차 3부
: 인서울이 뭐길래

《EBS 다큐프라임》
당신은 몰랐던 20대
이야기 3부: 우리는
공정한 경쟁을 원합니다

서울중심주의의 취업 준비 시장을 당사자의 시선으로 바라보는 다큐멘터리

《씨리얼》 경상도에서 24년째, 정말 서울 가야 취업하나요?

지역 소멸 이야기에 참고한 다큐멘터리

《EBS 다큐멘터리》 K-인구대기획 초저출생 1부

유튜브

| 시내버스 여행 관련: | 지방 대학 관련: | 도시 이야기 관련: | 교통 덕질 관련: |
| 두더지 개미 | Univ. 찌룩 | 병튜브 | 역쟁이TV |

  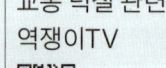